以核心素养为指归的教学设计

——《历史 选择性必修》下册

陈家华 主编

浙江工商大学出版社
ZHEJIANG GONGSHANG UNIVERSITY PRESS

·杭州·

图书在版编目(CIP)数据

以核心素养为指归的教学设计. 历史 选择性必修 下
册 / 陈家华主编. — 杭州：浙江工商大学出版社，
2023.2
ISBN 978-7-5178-5391-6

Ⅰ. ①以… Ⅱ. ①陈… Ⅲ. ①中学历史课－教学设计
－高中 Ⅳ. ①G633

中国国家版本馆CIP数据核字(2023)第028803号

以核心素养为指归的教学设计——《历史 选择性必修》下册
YI HEXIN SUYANG WEI ZHIGUI DE JIAOXUE SHEJI
——《LISHI XUANZEXING BIXIU》XIACE
陈家华　主编

责任编辑	张　玲	
封面设计	朱嘉怡	
责任校对	李远东	
责任印制	包建辉	
出版发行	浙江工商大学出版社	
	（杭州市教工路198号　邮政编码310012）	
	（E-mail：zjgsupress@163.com）	
	（网址：http://www.zjgsupress.com）	
	电话：0571-88904980，88831806（传真）	
排　　版	杭州彩地电脑图文有限公司	
印　　刷	浙江全能工艺美术印刷有限公司	
开　　本	889 mm×1194 mm　1/16	
印　　张	12	
字　　数	282千	
版 印 次	2023年2月第1版　2023年2月第1次印刷	
书　　号	ISBN 978-7-5178-5391-6	
定　　价	58.00元	

编 委 会

主　　编：陈家华

编委成员（按姓氏笔画排序）：

厉　益　吕　莹　陈大军

陈君卫　陈杜鹃　杜　培

卓　君　郎翕钰　项雅利

徐靖涛　潘祖依

主编简介 ❯❯❯

陈家华

浙江省温岭市人，中共党员，正高级教师。杭州大学（现浙江大学）学士，西南师范大学（现西南大学）硕士。浙江省台州市教育教学研究院副院长，高中历史教研员。浙江省陈家华名师网络工作室、台州市陈家华名师工作室领衔人。曾荣获浙江省特级教师、浙江省优秀教研员、浙江省教科研先进个人、长三角基础教育学科专家，台州市拔尖人才、台州市名教师、台州市直机关优秀共产党员、台州市先进教育工作者等荣誉称号。兼任浙江师范大学历史教育硕士实践导师、台州学院教授、台州市督学；浙江省历史教学研究会副秘书长、浙江省劳动教育研究会理事，台州市历史教学研究会秘书长。

近年来出版个人学术专著 1 部，担任主编、副主编的选修课程教材与教学用书 15 部。主持完成有影响的省、市级研究课题 14 项，荣获浙江省教研学术成果一等奖、台州市基础教育教学成果一等奖。在《历史教学》等省级以上正式刊物发表论文 57 篇。

前 言

《普通高中历史课程标准（2017 年版 2020 年修订）》中反复阐述：高中历史课程承载着历史学的教育功能，要充分体现高中历史课程的育人价值，引导学生树立正确的世界观、人生观、价值观、历史观；历史课程要以培养和提高学生历史学科核心素养为目标，使学生通过历史课程的学习逐步形成具有历史学科特征的正确价值观、必备品格与关键能力；注意吸收历史研究的新成果、课程改革的成功经验以及国际历史教育的优秀成果；要为学生提供认识历史的多个角度，注重学生对历史的探究。既要为全体学生的终身发展打好共同基础，又要有助于学生的个性和专业的发展等。新课标、新理念、新要求，就是本书编写的宗旨。

选择性必修课程是在必修课程基础上的递进与拓展。通过这些课程的学习，加深学生运用唯物史观的阶级分析方法，对上层建筑各领域的实质进行深入分析；帮助学生认识生产方式的变革对人类社会发展所具有的革命性意义；理解文化交流与传播在文明进步中的重要作用，尊重世界文明多样性。为了在教学中落实好新课标的精神，使新课标、新教材所要求的抽象理论概念转化为渗透于学生思维习惯中的必备品格与关键能力，浙江省台州市陈家华名师工作室在 2019 年 6 月和 2021 年 7 月分别编写出版了《以核心素养为指归的教学设计——〈中外历史纲要〉》上、下两册，2022 年 10 月编写出版了《以核心素养为指归的教学设计——〈历史 选择性必修〉上册》，并得到广大高中历史教育界同仁的认可，这些书也成为他们重要的备课参考资料。基于此，工作室成员多次赴学校调研，总结过往经验，撰写了《以核心素养为指归的教学设计——〈历史 选择性必修〉下册》。

本书具有以下特点：

1. 紧扣课程标准。本工作室成员在认真研读《普通高中历史课程标准（2017 年版 2020 年修订）》后，按《历史 选择性必修 2·经济与社会生活》（简称《历史 选择性必修 2》）的第 10—15 课和《历史 选择性必修 3·文化交流与传播》（简称《历史 选择性必修 3》）的内容进行编写。本书所有教学设计以学业质量为目标，以素养水平划分为依据，较好地贯彻《普通高中历史课程标准（2017 年版 2020 年修订）》精神，具有较强的针对性、实用性、指导性。

2. 落实学科核心素养。本书以唯物史观为指导，尽可能通过详尽的史料，将每一个问题放在特定的时空条件下进行深入、具体、生动的展示与讲解；通过学生的积极参与，引导学生从多个角度、多种因素思考历史现象与历史问题，深化对历史的理解，提高历史解释能力；感悟人类文明的发展历程，涵养家国情怀，增强人类命运共同体意识。教学设计致力于发展学生的核心素养，培养学生成为有理想、有本领、有担当的时代新人。

3. 指导课堂教学实践。德国哲学家雅斯贝尔斯曾说过："教育要培养一代人的精神，必先使历史进驻个人，使个人在历史中汲取养分。"本书以新课标为总纲，结合学情，对教材内容进行整合与拓展；确定教学主题、教学目标、教学重点与难点，并通过创设情境，提高学生运用所学知识分析、解决问题的能力。本书倡导自主学习、合作学习、探究学习，充分发挥学生的主体作用，激发学生学习历史的兴趣，提高学生的能力与素养。此外，在本书教学设计中还附有"设计思路""教学目标""重点难点""教学活动过程""设计反思与讨论"等栏目，供广大教师备课参考。

本书经浙江省特级教师、正高级教师，浙江省、台州市名师工作室领衔人，台州市高中历史教研员陈家华老师策划、指导和审定，工作室第三期团队成员相互守望、共同努力完成，以期为广大高中历史教师提供教学参考，并促进教师专业素养的提高。

编　者
2022 年 10 月 9 日

目 录

《历史 选择性必修 2》（10—15 课）

《历史 选择性必修 3》（1—15 课）

历史 选择性必修 2（10—15课）

第四单元　村落、城镇与居住环境

第 10 课　古代的村落、集镇和城市

 设计思路

《普通高中历史课程标准（2017 年版 2020 年修订）》要求：了解人类居住条件的变迁及各地民居的差异及其特征；了解古代的村落、集镇和城市形成的原因及影响。

本课学习的内容包括村落的产生、集镇的出现、城市的产生和世界各地的民居四部分内容。前三部分依照时间顺序，农业出现、手工业分化、商业兴盛等促使村镇出现，其规模的不断扩大又使城市得以产生。最后一部分则是横向介绍了世界各地的民居建筑，与前三部分内容联结性不强。

高二的学生已基本掌握历史学科学习方法，初步理解了生产力决定生产关系等唯物史观，对史料也具有一定的思考、分辨和理解的能力，但认知较为片面，还需要进一步培养学生的历史学科核心素养。需要结合图片、文字等史料，绘制图表，使学生更有逻辑思维，形成历史理解。

 教学目标

1.通过本课的学习，熟练运用唯物史观，理解村落、集镇和城市产生、发展的原因。通过解读史料素材，提炼有关信息，掌握史料实证能力。

2.通过教师展示的图片信息，利用所学知识理解世界各地民居的特点是由当地自然环境、经济发展水平、文化习俗等方面因素决定的。

3.教师通过鲜活的资料，让学生认识到历史是鲜活和丰富的。

📋 重点难点

1.重点：了解人类居住条件的变迁及各地民居的差异及其特征。

2.难点：了解古代的村落、集镇和城市形成的原因及影响。

 教学活动过程

 导入 〉〉〉 -

材料1　荷兰将建造5座可居住的3D打印房屋，这种3D打印的房屋墙壁厚度只有5厘米，但却充分保证强度、隔音、隔热性能。

——央视新闻公众号

材料2

2021年4月30日在荷兰埃因霍温拍摄的一座3D打印房子的外观
（图片来源：人民网）

教师活动：3D打印房屋的概念，最早于2013年由英国伦敦一家建筑设计工作室提出。而我国第一批3D打印房屋在2014年就已入驻上海。其实，在我们生活当中，已经有些房产商造房子时采用了3D打印技术。你们身边有这样的房子吗？

学生活动：自由回答。

教师活动：我们当下的建设技术日新月异，要求也日趋多元。居住的场所，有乡村住宅，有城市商品房，也有别墅、公寓等。那么同学们你们知道人类最早是居住在哪里的吗？又是如何从村落、集镇到城市一步步发展起来的呢？今天我们就来了解一下吧。

【设计意图】以3D打印房子为导入，利用最新的科技新闻激发学生的学习热情和兴趣。

导入学习任务一：村落的产生

材料1　人类最初是住在洞穴里，当时的人们以狩猎为生。在洞穴中他们很安全。人们在洞口生火，这样既能取暖又能在他们烤肉时防范动物。人类离开洞穴，气候或许是个原因，当冰川撤回到北方时，气候变得温暖潮湿，植物生长，阳光让人们走出洞门，正如它催发了花开。同时，冰河消融让其他地区的肥沃土壤得以显露，大批畜群也随之而去，离开人类居住的平原——这意味着狩猎不再是可靠的食物来源。从狩猎到农业、从洞穴到房屋是一个缓慢的、渐进的过程。大约是在1万年前，农业定居地诞生了，定居地意味着房屋。房屋是一种创造物，一种新东西，一种独立于洞穴观念的庇护所。

——斯蒂芬·加得纳《人类的居所：房屋的起源和演变》

教师活动：要求学生阅读材料并结合教材回答，人类的居住形式发生了什么变化？变化的原因是什么？

学生活动：阅读教材和材料，思考回答。

①变化：人类的居住形式经历了从穴居、巢居、半穴居到地面筑屋的演变。

②原因：农业的出现。

材料2　从此人类开始有系统地采集并播种某些禾本科植物种子，同时开始驯化其他一些种子植物，如瓜类、豆类，并开始利用一些牧畜，如牛、羊，后来还有驴、马等。掌握这些动植物以后，人类食料来源，拖运能力，以及集体流动能力，便大为增加。这场伟大农业革命的这两个方面都不可能发生于游牧部落民之中；因为必须在同一地区持久居住下去，人们才能够观察到植物的生长周期，深入了解自然过程，才能系统地模仿这些自然过程。

——刘易斯·芒福德《城市发展史：起源、演变与前景》

教师活动：让学生阅读材料概括农业是如何促进村落的形成的，并结合所学说说世界上最早的村落都出现在哪里。

学生活动：阅读材料思考回答。

①如何促成：定居和驯化动植物、饮食正规化是密切相关的。

②出现地点：大河地区，如两河流域、尼罗河流域、印度河和恒河流域、黄河流域、长江流域、辽河流域等。

材料3　但即使在最原始村庄，如尼罗河三角洲西部以贝尼－萨拉莫地区废墟为代表的古代村庄中，据约翰·A.威尔逊观察研究，都有个"广口罐子栽入房屋里地面下，用以收集屋顶漏下的雨水"。此外，"村庄中还有公共谷仓，谷仓就是树枝编结成的谷囤，也栽入地下"。……房舍、圣祠、蓄水池、公共道路、集会场地——此时尚未形成专门化的集市——这一切最初都形成于村庄环境之中，各种发明和有机分化都从这里开始，后来才逐渐发展成城市的复杂结构。村庄的一般物质结构同它的组织结构建立在同一基础之上。组织化的道德、政府、法律、正义，这类事物都起源于村庄社会的长老会议。

——刘易斯·芒福德《城市发展史：起源、演变与前景》

教师活动：让学生阅读材料和教材说说村落的组成部分及其作用。

学生活动：阅读材料和教材，思考回答。

①组成：村落建有住宅、仓廪、地窖和公共活动场所等。

②作用：为人们的定居、繁衍和防卫提供了条件和保障，也为人们进行集体活动提供了便利。并且，城市的胚胎构造已经存在于村庄之中。

【设计意图】本环节在教学过程中采用史料研读、教材归纳等多种方式辅助教学，有利于加深对知识的理解，也可以培养史料实证、历史解释的能力。

导入学习任务二：集镇的出现

材料1　生产力的发展使手工业从农业中分离出来……出现了直接以交换为目的的商品生产，便于手工业品与农产品交换的农村聚落逐步发展成为集市……生产力的进一步发展使商业成为与手工业和农业并列的独立经济部门，适应手工业生产相对集中的需要和商人务商的便利，集市就演化成农民、手工业者和商人共同定居的具有多种功能的集镇。

——摘编自张虎林《农村经济学》

教师活动：要求学生阅读材料并结合教材回答集镇兴起的原因和形成的过程。

学生活动：阅读教材和材料，思考回答。

①原因：集镇随社会生产力的发展而兴起。

②过程：原始社会末期，手工业与农业分离，手工业者开始在便于交换的地方集聚，形成了古代集镇的雏形。商人的出现使手工业者聚居的地方迅速繁荣，逐渐成为一定地域内的经济中心。商人和手工业者为了保护其财富和人身安全，在聚居的地方筑垒设防，形成集镇。

教师活动：中国古代的早期的集镇主要是为军事目的而设的。阅读教材，完成表格"宋元明清的中国集镇"，并说说中国古代集镇出现的原因发生了哪些变化。

学生活动：阅读教材，完成表格。

宋元明清的中国集镇

时　期	表　现
两宋时期	工商业者经营和定居的集镇发展起来，有的成为一级行政机构所在地
元朝	随着漕运和海运的发展，运河沿岸兴起了很多工商业集镇
明清时期	工商业集镇进一步发展，出现了非常强的专业分工

变化：从为军事目的而设转为随着工商业的发展而自发形成。

【设计意图】通过问题探究，学生了解古代集镇兴起的原因和影响因素。按时序整理中国古代集镇的发展过程，直观明了，符合学生的认知。

导入学习任务三：城市的产生

教师活动：要求学生阅读教材，判定城市形成的基本标准。

学生活动：阅读教材回答。

城市形成的基本标准为在一定区域内形成了具备政治权力、军事防御、经济活动、宗教祭祀等功能的中心场所。

材料1　匠人营国，方九里，旁三门，国中九经纬，经涂九轨，左祖右社，面朝后市，市朝一夫。

——《周礼·考工记》

教师活动：要求学生阅读材料结合所学，说说中国古代城市的基本特点。

学生活动：阅读材料，思考回答。

中国古代城市布局体现了尊卑有别的礼制精神。

材料2　要发展成一个城市共同体，聚落至少得具有较强的工商业性格，而且还得有下列特征：（1）防御设施；（2）市场；（3）自己的法庭以及——至少部分的——自己的法律；（4）团体的性格及与此相关的；（5）至少得有部分的自律性与自主性，这点包括官方的行政，在其任命下，市民得以某种形式参与市政。

——马克斯·韦伯《非正当性的支配：城市的类型学》

教师活动：要求学生阅读材料，结合所学说说西方城市的基本特点。

学生活动：阅读材料，思考回答。

西方城市是一个有较强工商业性格的城市共同体。

教师活动：让学生小组讨论，宋代之后中国城市随着商品经济的发展也形成了活跃的市场，还出现了江南市镇，这与西方的城市是否一样？

学生活动：讨论回答。

不一样。由于中国是个有集权传统的国家，特别是秦统一后，专制主义中央集权得到发展，中国的城市并没有经历一个城市共同体的建立过程。

而中世纪欧洲的城市建设，是对抗封建领主、争取城市自治的结果，有一个城市共同体的认同过程。

【设计意图】通过史料研读和中西方城市特点的对比，学生更深入地了解中西方文化的不同对城市兴起和建设的影响。

导入学习任务四：世界各地的民居

（1）世界各地民居的特点

古代两河流域民居复原图

（图片来源：《历史 选择性必修2·经济与社会生活》）

古埃及大臣陵墓中的壁画

（图片来源：《历史学习图册 选择性必修2·经济与社会生活》）

古罗马住宅复原图

（图片来源：《历史学习图册 选择性必修2·经济与社会生活》）

古罗马多层居民区

（图片来源：《历史学习图册 选择性必修 2·经济与社会生活》）

干栏式建筑和半地穴式圆形房屋

（图片来源：《历史学习图册 选择性必修 2·经济与社会生活》）

教师活动：要求学生观察图片，阅读教材，说说各地民居的基本特点。

学生活动：观察回答。

①两河流域民居特点：用黏土和芦苇混合制成的砖块建造房屋，用木材作支撑屋顶的栋梁，每户建筑结构相同，由前庭、前室、主室构成。

②古埃及民居特点：用泥和木材建造房屋，用木桩搭建框架，用树枝和混合麻纤维的黏土筑墙，在上面搭上房梁，用椰子叶铺成屋顶。

③古罗马民居特点：用木、石、砖建造房屋，后来普遍用混凝土为建筑材料。混凝土、拱券、希腊柱式相结合是主要特征。3 世纪后，为缓解人口压力，出现了由多层楼板叠加组合而成的集体住宅，专供百姓或外来人员租住。这种复合式公寓的建筑形态影响深远。

④中国：南方用树木营巢，发展为干栏式建筑；北方挖穴而居，后来逐渐升至地面，形成半地穴式建筑。

（2）影响各地民居特点不同的因素

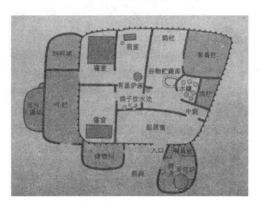

古埃及民居平面示意图

（图片来源：《历史 选择性必修2·经济与社会生活》）

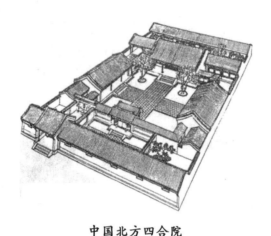

中国北方四合院

（图片来源：《历史 必修2》）

教师活动：请学生观察古埃及民居和中国北方四合院，说说中国古代民居的独特之处。

学生活动：观察回答。

中国民居的设计遵循严格的等级观念和长幼有序的礼仪制度。住宅布局讲究对称，主次分明，院落有序。

教师活动：请学生结合所学，讨论各地民居呈现不同特点的原因。

学生活动：分析回答。

世界各地民居的特点是由当地自然环境、经济发展水平、文化习俗等方面因素决定的。

【设计意图】通过图片观察和教材整理，学生对世界各地民居的不同特点有更直观的印象，也能很好地理解"世界各地民居的特点是由当地自然环境、经济发展水平、文化习俗等方面因素决定的"这一观点。

课堂小结

随着农业的出现，世界各大河地区的人类出现了新的聚居形态——村落。村落的出现，为人类的定居和集体生活提供了便利的条件和安全的保障。随着社会的进步和发展，商人和手工业者在聚居的地方筑垒设防保护其财富和人身安全而形成了集镇。随着人口的增多，出于防卫或商贸的需要，城市出现了。最后，我们通过对比，了解不同的文化对城市兴起和建设、对民居的建造布局都有深远的影响。

作业拓展

问题：观察你所在的城市布局以及你所知道的房屋装修风格，结合所学说说它们的特点以及影响因素。

 设计反思与讨论

本课内容涉及非常之广，包括人类居住条件的变迁及各地民居的差异及其特征，古代的村落、集镇和城市形成的原因及影响。在教学中必然要加以取舍，辅之以材料加以分析。总的来说，学生在原有知识基础上对本课知识的掌握应当还是轻松的。

在教学方法上，采取多种形式，如史料运用、教材梳理、小组合作探究学习等，既凸显了学生主体地位，又活跃了课堂氛围，有利于加深学生对本课知识的理解。本课设计以史料研读的方式提升学生史料实证和历史解释的能力。

在实际教学中，由于内容过多，可能出现教师主导与学生主体，预设与生成方面难以找到一个平衡点；在保证开放性问题评价的客观性和科学性方面，估计也会存在一定的困难。

第 11 课　近代以来的城市化进程

设计思路

《普通高中历史课程标准（2017 年版 2020 年修订）》要求：了解近代以来城市化进程中人们居住条件和生活环境的改善及问题。

本课学习的内容包括中西方城市化的发展、城市化带来的居住条件和生活环境的改善、城市化带来的问题几部分内容。在教学安排上，通过和纲要的结合，了解中西方城市化的发展历程，通过史料研读，结合生活理解城市化给人们带来的便利和弊端，并尝试提出治理"城市病"的若干措施。

高二学生经过对必修课程的学习，对城市化已经有所了解，史料研习、时空定位能力有所提升，具有相当的史料分析和知识迁移能力。加上高中生的记忆力、理解力都得到了一定发展，能够理解一些较为抽象的内容。但由于阅历尚浅等原因，学生对社会现象和现实问题的分析能力还有待加强。

教学目标

1. 通过本课的学习，熟练运用时空定位了解中西方城市化进程。

2. 通过史料分析，利用唯物辩证法理解城市化带来的双面影响。

3. 教师通过鲜活的资料，让学生认识到历史是鲜活和丰富的。

重点难点

1. 重点：城市化对城市生活的意义。

2. 难点：近代中外城市化的原因、历程以及利弊。

教学活动过程

导入 ❯❯❯ --

教师展示材料：

新华网评："城市病"需"智"理
（图片来源：国际在线公众号）

教师活动： 请学生回答城市为什么需要体检？城市得了什么病？

学生活动： 自由回答。

教师活动： 所谓城市病，是伴随城市化而来的复杂的社会问题，它既是社会问题、经济问题，也是环境问题。城市病，在城市化发展的不同阶段呈现出差异性。今天，我们就来学习城市化带来的利和弊。

【设计意图】以"城市体检"海报切入，从学生的日常生活中找寻城市化带来的便利和问题，激发学生的学习兴趣。

导入学习任务一：城市化的演进

教师展示材料：

材料1　城市化是指农村社区向城市社区集聚和转化的过程。包括城市数量的增加、规模的扩大；城市人口在总人口中比重的增长；公用设施、生活方式、组织体制、价值观念等方面城市特征的形成、发展以及对周围农村地区的传播和影响。一般以城市人口占总人口中的比重衡量城市化水平，受社会经济发展水平的制约，与工业化关系密切。

——《中国百科大辞典》

教师活动：请学生阅读材料，结合教材，说说什么是城市化，城市化的表现和影响因素是什么。

学生活动：阅读回答。

城市化是指农村社区向城市社区集聚和转化的过程。

①表现：城市数量增加、城市规模扩大、城市人口增长；城市里的生活方式、组织体制、价值观等形成发展，并对周边农村产生影响。

②影响因素：受社会经济发展水平的制约，工业化推动了城市化进程。

教师活动：城市化成为衡量国家现代化水平的重要指标。请学生阅读教材，观察"世界城镇化趋势"柱状图，结合所学说说世界城市化和中国城市化的发展阶段及原因，完成表格。

学生活动：阅读教材，思考回答。

世界城市化发展进程

阶　段	原　因
1851年，英国成为第一个城市人口超过总人口一半的国家	英国是世界上最早开展工业革命的国家
19世纪末20世纪初，其他资本主义国家的城市化进程加快，殖民地半殖民地缓慢跟进。"二战"后，发达国家城市化水平进一步提高，发展中国家城市化速度加快	工业革命向全世界扩展，第二次工业革命开展。两极格局下，世界相对和平稳定，经济快速发展。广大发展中国家开始城市化

中国城市化发展进程

阶　段	原　因
鸦片战争后，各通商口岸率先出现近代化性质的工商业城市，开启了中国城市化的进程	外国资本主义的入侵，被动地接受工业化、城市化
中华人民共和国成立后，城市化进入新阶段，城镇人口比例不断提高	随着社会主义制度的建立，社会主义经济建设蓬勃开展。尤其是改革开放后，中国经济快速发展，城市化进程加快
21世纪后，中国城市化迅猛发展，至2011年，中国城镇人口超总人口的一半	随着中国加入WTO，在全球化的浪潮下，中国经济迅猛发展

【设计意图】通过文本解读，学生对城市化的内涵有了清楚的认识。通过对世界和中国的城市化进程的梳理，学生能更好地理解"工业化推动了人类社会城市化进程"这一观点。

导入学习任务二：城市化带来的便利

教师展示材料：

材料1　巴黎……也配套建设了放射状的新道路，把火车站与商业中心连接起来，给人以一种处于新的秩序、清洁、高效和美观标准控制之下的印象。超过165公里的新街道——宽敞、笔直，并配有人行道、排水系统、照明设备和新种植的树木，街旁点缀着纪念性的新教堂、市场和行政办公楼。私人建筑、公寓住宅增加了六倍，其精致优雅前所未见，既具有外貌的端庄，也具有内部的舒适，很快就在林荫大道两旁鳞次栉比地拔地而起。一个世纪以前的改革者所梦寐以求的城市，现在如此完整地沐浴在一种进步的神采当中，甚至城市的下水道，也在特殊设计的观光车中，向游人开放。

——摘编自巴里·伯格多尔《1750—1890年的欧洲建筑》

材料2

城市交通发展

时　间	事　件
1888年	美国第一个城市电车系统在里士满营业
19世纪最后10年	工业的扩张已成为城市发展的主要原因。没有交通运输网，像纽约、芝加哥这样的大都市是不可能发展的 美国城市有轨电车达850条线路，里程超过1万英里。随后10年电车运输里程增加了2倍。电车使人们生活半径从"步行城市"的2.5英里延伸到6英里以上
至1910年	美国从每三个人当中有一个人生活在城市发展到每两个人中就有一个

——卡恩斯等《美国通史》

材料3

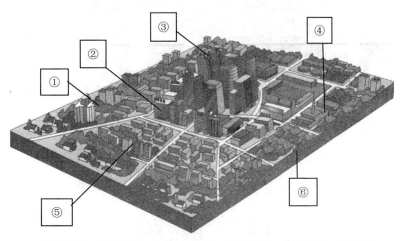

①文化区　②商业区　③中央商务区　④工业区　⑤居住区　⑥生态区

城镇内部的示意图

（图片来源：《历史 选择性必修2·经济与社会生活》）

教师活动：请学生阅读材料，结合教材，说说城市化在哪些方面改善了人们生活。

学生活动：阅读材料，思考回答。

建筑技术的革新和生活设施的改善，改变了人们的居住条件；社区功能的完善，城市基础设施的发展，为人们提供了便利；道路交通设施的发展，方便人们的出行，改变了城市的面貌；通信设备的改进和完善，密切了人们的沟通交流和信息传播。

【设计意图】图片展示了当今城镇规划图，学生能直观感受城市化带来的便捷。同时，学生通过史料解读培养提取信息和解读史料的能力。

导入学习任务三：城市化带来的问题

（1）"城市病例"

教师展示材料：

材料 1 《12 英尺的战利品》是美国摄影家肯塞·达利尤斯于 1908 年拍摄的。这张照片构图精巧，显示出大自然造物的伟大和人的渺小。工业革命的飞速发展是以迅速消灭森林为代价的。图中几位伐木工人正骄傲地炫耀即将被他们伐倒的巨树，这种场面在 20 世纪初仍被认为是人类的杰作。巨树轰然倒下，随之而来的是自然对人类的惩罚。

12 英尺的战利品

（图片来源：《历史 必修 2》）

材料 2 《1793 年医师关于曼彻斯特城工人住宅的调查报告》在该城的某些部分……地下室的潮湿程度根本不宜于人们居住……据我所知，有许多工人家庭在这种墙上滴水的地下室住上一段时期后就与世长辞了……最使穷人受苦的是通风不足。最常见的后果是寒热病，我还屡次见到由此而起的肺痨病例……这些寄宿舍的恐怖景象是很难描述的：一个新从乡间来的房客往往睡在前一住客留下的、仍布满传染病菌的床上，可能几个钟点以前才从这个床上抬走一具患伤寒而死的房客尸体。

——蒋相泽《世界通史资料选辑·近代部分》

教师活动：请学生阅读材料，结合教材，结合所学说说城市化进程带来了哪些问题。

学生活动：阅读材料，思考回答。

城市化进程带来了生态破坏、环境污染、交通拥堵、贫富悬殊、两极分化、人口密集、住房困难、就业困难、犯罪率上升……

（2）"城市病方"

材料3　智慧城市就是一个网络城市，物联网是智慧城市的重要标志。智慧城市基于物联网、云计算等新一代信息技术，以及社交网络、综合集成法等工具应用，营造有利于创新涌现的生态之城，它令城市生活更加智能、科技、环保、低碳，鼓励公众参与。

——整理自邬贺铨《智慧城市：人类居住文明创新"引擎"》

材料4　可能最引人注目的成功的城市建设，是在新儒教信仰体系与外来西方科学的理性主义结合之下进行的。今天，城市既要与没有约束的市场资本主义的不良影响抗争，还要与自私自利的腐败的统治权贵们周旋。

——科特金《全球城市史》

教师活动：我们从城市化的进程中收获了便利，也面临着很多的挑战。请学生阅读材料，结合所学，分小组讨论城市化发展的前景在哪。

学生活动：阅读、观察、聆听、思考、讨论，各抒己见，自由发言。

充分利用前沿科技，进行科学合理规划，融入以人为本和持续发展理念，打造现代智慧城市。要将新儒家思想体系与西方科学的理性主义结合，消除市场带来的不良影响，把权力关进笼子里，引导城市健康发展。`

【设计意图】学生通过本环节的学习，提升史料整合、逻辑思维能力及客观理性辩证分析问题的能力。

课堂小结

> 　　城市化是指受工业革命的影响，农村社区向城市社区集聚和转化的过程。城市化包括人口不断向城市集中、非农人口比例上升、城市数目增加、城市生活方式发展。世界城市化开始于英国工业革命，随着工业革命的扩展向世界各地扩展。中国城市化开始于鸦片战争，随着中国经济建设的开展而发展。城市化在居住条件、生活服务、公共设施等方面给人们带来了便利，但也带来了环境污染、交通拥堵、贫富矛盾、犯罪等社会问

题。利用前沿科技和科学理念，打造现代智慧城市，消除西方城市化进程中出现的弊端，引导城市健康发展。

作业拓展

问题：观察你所在的城市，结合自己的生活，说说你享受了城市化的哪些成果，又在哪些方面尝到城市化的苦果。说说对自己居住的城市发展，你有什么建议。

 设计反思与讨论

在教材处理上，根据《普通高中历史课程标准（2017 年版 2020 年修订）》的要求，选取教学重难点城市化对城市生活的意义和近代中外城市化的原因、历程以及利弊。

在教学方法上，采取多种形式，尤其是分组合作学习的形式，既凸显学生主体地位，使学生获得成功体验，又加深其对课程内容的理解与掌握。

渗透核心素养。本课教学设计，不论是导入学习任务，还是作业拓展，都注重学生历史学科核心素养的培养。教学过程中既体现教师的主导性，又突出学生的主体性，使课堂有序的同时又不时发生思想的碰撞。

虽然本课的知识点比较贴合学生的生活，但是不排除仍有许多学生不善于观察生活，缺乏生活体验。这就要求教师在课前摸底、导学设计和课堂应变上要有一定的教学智慧。

第五单元 交通与社会变迁

第12课 水陆交通的变迁

 设计思路

《普通高中历史课程标准（2017年版2020年修订）》要求：了解古代的水陆交通及主要交通工具，认识新航路开辟和工业革命对促进交通进步的作用。

根据新课标要求及教材编排，教学过程围绕四部分展开。

前三部分主要梳理了20世纪前（少量涉及20世纪后）中外水陆交通的发展演进历程。分三阶段探究古代中外水陆交通的发展状况、航海时代下东西方航海探索的不同特点以及新航路开辟对全球交通的重大意义、工业时代下新式交通工具对中外交通近代化的巨大作用。第四部分则是在前三部分的基础上，讨论交通发展的影响。

对于交通发展的意义，高中生在日常生活中已经有切身的体会，学生在此之前也已经学习了京杭大运河、新航路开辟、工业革命等内容，对本课知识已有一定的涉及和积累。另外，高二学生已形成了一定的历史思维，掌握了一些历史学习的方法——史料探究、联系对比等，具备了一定的学科素养。这些都是这节课学习的良好基础。

✎ 教学目标

1.通过梳理中西方古代、近代水陆的主要交通建设和交通工具，结合教材及补充史料，认识古代交通建设的发展历程，并归纳出古代交通发展演进中的主要特点。

2.认识到新航路开辟和工业革命对交通近代化进程中的促进作用，能认识到交通工具的进步是以整个社会的向前发展作为前提的，体现了时代发展的必然性。

3.了解交通变化对人们生活及社会变迁的意义，体会交通进步与社会发展之间的辩证关系。

4.通过了解中国交通运输近代化的历程和国人为之做出的努力，增强民族自豪感和社会责任心，关注我国铁路、航运近代化中的里程碑意义的事件，体会中国人的自主创新与开拓精神。

重点难点

1. 重点：古代到 19 世纪的中外水陆交通建设及主要交通工具的演变及对民众生活和社会变迁的影响。

2. 难点：交通的改进对国家发展、城市变迁和信息传递的影响。

 教学活动过程

导入 ❯❯❯ ---------------------------------------

教师展示材料：

材料 1　长安回望绣成堆，山顶千门次第开。一骑红尘妃子笑，无人知是荔枝来。

——杜牧《过华清宫绝句·其一》

材料 2　杨贵妃生于蜀，好食荔枝。南海所生，尤胜蜀者，故每岁飞驰以进。

——李肇《唐国史补》

材料 3　唐天宝中，贵妃嗜鲜荔枝。涪州岁命驿递，七日夜至长安，人马俱毙。

——张岱《夜航船》

教师活动：请学生思考关于材料中描述的这个唐代 "快件" 的相关问题。"快件"的起点有可能是在哪里？"骑手"使用了什么交通方式和工具来"派件"？这个"快件"被快速送至长安，这在当时是交通领域的常态吗？

【设计意图】通过展示材料，创设情境，换个视角来分析学生们所熟知诗句中的信息，通过层进式的设问拉近学生与本课内容之间的距离，进而引入本课的学习主题：水陆交通的变迁。

导入学习任务一：从自然时代到人工时代

（1）自然时代：古道天成

材料 1　（禹）命诸侯百姓兴人徒以傅土，行山表木，定高山大川。……陆行乘车，水行乘船，泥行乘橇，山行乘樏。左准绳，右规矩，载四时，以开九州，通九道，陂九泽，度九山。……禹乃行相地宜所有以贡，及山川之便利。

——司马迁《史记·夏本纪》

教师活动：请学生依据材料分析大禹治水时道路形成和应用的相关信息有哪些？

学生活动：思考回答。

此时期的道路主要依山川形势自然形成，材料中反映出大禹在治理水患过程中能够顺应当地物产和交通的自然规律，采取适当的方法因地制宜。

教师活动：原始人在自然界开展生存活动过程中习惯性的足迹形成了"路"。人类转向定居生活后，以住地为中心的交通进一步发展，天然的道路与河流是主要运输渠道。

（2）人工时代：条条大路通罗马

陆路——人工古道铺设

教师活动：生产的发展推动了人工道路的铺设。请学生结合教材，列表总结古代有哪些著名的人工道路？

学生活动：列表归纳总结。

古代著名人工道路

比较对象	人工道路
西　　方	罗马帝国的道路把罗马和各行省连接起来，形成"条条大路通罗马"的盛况
中　　国	秦朝：修筑的驰道、直道和五尺道等，构成了以咸阳为中心的全国性道路网 汉代：开通了连接亚、欧、北非的大通道——丝绸之路 唐代：驿道以长安为中心向各方辐射 元朝：在全国遍设驿站，构成了以大都为中心的驿路交通网

材料2　为了加强对全国的控制，于公元前220年（秦始皇二十七年），修建了以首都咸阳为中心的驰道。……公元前212年（秦始皇三十五年），秦始皇命令蒙恬修了一条由咸阳向北延伸的"直道"，经云阳、上郡直达九原，全长1800余里……在今云南、贵州地区修"五尺道"（五尺宽的道路）。又在今湖南、江西、广东、广西之间修筑了攀越五岭的"新道"。这样，一个以咸阳为中心的交通网，把全国各地联系在一起了。

——朱绍侯、张海鹏、齐涛《中国古代史》

材料3　同中国一样，罗马人也是通过建设运输和交通网络完成帝国一体化的。罗马的道路有很深的路基，路旁有围护、排水渠，路面铺设了大块平坦的筑路石，主路宽6—8米，可供双向车辆同时行驶，蜿蜒的山路也有2—3米宽。沿路设置了驿站。公路连接了帝国的各个部分，其中，最著名的公路全长2500公里，沿东北边境从黑海一直通向北海，与多瑙河和莱茵河平行。一条长4800公里的路与北非海岸线平行，许多支线直插南方，商人、士兵通过这些支线可深入撒哈拉沙漠。在地中海地区，罗马人新建了一些道路，方便了这一地区的旅游和贸易。还有一些公路从地中海东部的城镇和港口一直通到帕尔米拉——这是亚洲中心通往西部的最主要的商站。据估计，罗马道路的总里程超过了8万公里。

——摘编自杰里·本特利、赫伯特·齐格勒《新全球史：文明的传承与交流》

教师活动：引导学生根据材料概括秦朝和罗马帝国在道路修建上的异同，并简析秦朝和罗马帝国能够在广大区域修建道路的相似条件和积极作用。

学生活动：思考并分析。

相同：以都城为中心；构成了四通八达的全国交通网；铺设多条道路；路面宽、路基深、设施较完备。

不同：与秦朝相比，罗马帝国的道路里程更长，范围更广。

相似条件：社会经济发展；中央集权加强；国家统一，疆域辽阔。

积极作用：加强了对全国的控制，维护了帝国的统一；促进了国内的经济文化交流，利于信息传递和人员、商旅往来；便利军队的调动；促进了交通事业的发展；推动了东西方文明的交融与进步。

水路——人工运河开凿

教师活动： 除了陆上的人工道路外，还有人工开凿的河流，即运河。请学生结合教材，列表总结中西方有哪些著名的运河？

学生活动： 列表归纳总结。

中西著名运河

比较对象	运河开凿情况
中　　国	春秋时期：已有运河 秦朝：秦始皇开凿了灵渠，沟通了长江和珠江两大水系 隋朝：大运河以洛阳为中心，沟通了中国南方和北方 元朝：京杭大运河为世界之最
西　　方	17世纪开通的法国米迪运河和荷兰阿姆斯特丹建立的运河系统，便利了经济发展

【设计意图】通过联系课内外知识，让学生认识到道路从自然到人工的发展过程，是经济发展到一定阶段的产物。通过史料研读，重点解读秦王朝和罗马帝国的道路修建，培养学生提取、概括材料信息和分析问题能力，加强学生时空观念和历史解释素养。

导入学习任务二：海洋时代

（1）东方视角的探索："海上丝绸之路"

教师活动： 中国古代已形成连接中国与东亚其他国家、南亚、西亚、非洲等地的"海上丝绸之路"。如汉武帝时期初步形成东、南两条航线；宋元时期中国海船能够横渡印度洋；明朝时期郑和下西洋的船队规模宏大。

材料1　中国有悠久的海洋航运史，在新石器时代晚期，中国就出现了航海活动。春秋战国时期，激烈的战争对海洋活动提出了更高的要求，沿海贸易快速发展。秦朝航海事业进一步发展，大一统的局面，也使开辟海上航线成为可能。汉朝和唐朝的造船和航海技术都有了进步，宋元更是有了重大突破。元朝为了补充河运不足，开创了大规模海运漕粮。明前期，1405—1433年，郑和七次下西洋，开创了15世纪世界大规模航海，是具有世界意义的伟大壮举。

——摘编自王崇焕《中国古代交通》

教师活动： 引导学生根据材料分析促成中国古代海洋航运事业发达的因素有哪些。

学生活动： 需要弥补陆路及河运的不足、战争的需求、大一统的局面、强盛的国力、造船和航海技术的进步等。

（2）西方视角的探索：新航路的开辟

材料2　当中国船队在印度洋进行探察之时，欧洲航海家们也正准备进入大西洋和印度洋。与郑和及其同伴不同的是……他们有两种不同却互补的动机。

——杰里·本特利，赫伯特·齐格勒《新全球史：文明的传承与交流》

材料3

新航路开辟成果一览表

时　　间	航海家	航海路线
1487—1488年	迪亚士	西欧—好望角
1492年	哥伦布	西欧—美洲
1497年	卡伯特父子	纽芬兰岛
1497—1498年	达伽马	西欧—好望角—印度
1519—1522年	麦哲伦	环球航线
1578年	德雷克	美洲南端的合恩角
16世纪	卡蒂埃	拉布拉多半岛
16世纪	巴伦支	北冰洋
17世纪初	俄罗斯人	北太平洋到北冰洋的航路
17世纪初	哈德逊	北冰洋到亚洲的航路
1642—1643年	塔斯曼	新西兰和塔斯马里亚岛

——整理自人教版高中历史《中外历史纲要（下）》

教师活动：根据材料结合所学，引导学生思考全球航路建立的动机和中国郑和下西洋的动机有什么不同？新航路的开辟有何重要意义？

学生活动：思考分析。

①不同：郑和下西洋的动机是弘扬国威，欧洲人开辟新航路的动机是经济因素和传播宗教。

②意义：新航路的开辟让全球海路大通，世界主要的大洋和大陆之间通过海上航线建立了直接联系，环球交通网络逐渐形成。

教师活动：全球航路还进行了其他方式的拓展，那就是开凿国际运河，甚至有些运河还成为大洲的界线。如1869年开通的苏伊士运河连接了红海和地中海，成为西欧和南亚、东亚之间最近、最直接的水上通道；1914年巴拿马运河通航，极大地缩短了大西洋和太平洋之间的航行距离。

【设计意图】通过东、西方两个角度的史料研读，让学生认识中外海洋探索的不同特点和动机。通过与《中外历史纲要（下）》相关内容的结合，让学生深刻理解新航路开辟对全球交通的巨大促进作用，涵养历史解释素养。

导入学习任务三：工业时代

（1）西方的"交通革命"

材料1　如果海上及陆地上的交通没有同时发生革命，工业和农业就不可能如此迅速发展。……在铁路与运河沿线出现了新的工业区，铁路与运河能将产品运往遥远的市场。港口扩大了，以应付贸易的发展。1851年，在伦敦举行了第一届万国博览会，此时在全世界的铁路中，在全世界海洋上的远航船中，有一半属于英国。

——德尼兹·加亚尔等《欧洲史》

教师活动：引导学生思考19世纪初促进工业和农业"如此迅速发展"的"革命"指何事件？20世纪之前，在两次工业革命中还有哪些交通"革命"？概括这些交通"革命"对世界市场的影响。

学生活动：思考并回答。

①事件：蒸汽机车和蒸汽轮船的发明。

②其他交通"革命"：19世纪80年代，德国人发明了汽车。

③影响：为世界市场的形成提供了技术条件；促进了国家间人口和资本的流动，拓宽了商品市场；促进了先进技术和生产方式的传播，连接世界经济的纽带逐渐形成。

（2）中国交通近代化

材料2　近代中国"外商""外资""外国人"在华直接修建的铁路，基本上是列强国家的"投资商""侵略者"在列强的"势力范围""租借地""占领区"内修筑的铁路，或者在华方治理区域内通过不平等条约修筑甚至擅自修筑的铁路。……1875年李鸿章派唐廷枢筹办直隶开平煤矿，为解决煤炭运输困难，唐廷枢提议修筑唐山至胥各庄铁路，得到李鸿章大力支持，并终于获得朝廷允准。……顽固派势力根深蒂固，反对修筑铁路之声甚嚣尘上，朝廷为之所动，遂下令停建铁路。修好的路基上不准铺设铁轨，成了一条"大土路"。……随后，工程技术人员利用煤矿锅炉、器械、材料改装成一台轻型机车，牵引车辆。顽固派官僚闻风而动，群起反对……李鸿章继续努力，使尽浑身解数，终于说服朝廷，准许开行机车。有了铺设铁轨的路，并行驶机车车辆，这才算有了真正意义上的铁路。在李鸿章的坚持下，随着国防形势的需要，唐胥铁路得以向西延展至芦台、天津，向东延展到山海关、绥中，在此基础上后来修成关内外铁路，即京奉铁路（北京至奉天——今沈阳）。

——李占才《近代中国铁路发展特色析》

材料3　从1905年9月4日开工，到1909年10月2日在南口举行通车典礼，京张铁路仅用了4年时间就全部完成，建设期比预定计划提前了2年，建设费用比预算节省了29万两白银。100多年前，詹天佑打破了中国人不能自建铁路的断言。

——罗亚菲《京张百年风云》

教师活动：引导学生分析近代以来中国铁路交通事业在困境中发展的原因。指出19世纪六七十年代中国轮船史上的重大事件有哪些？

学生活动：结合材料思考分析。

①原因：政治上列强因入侵需要而修建；工业革命使西方近代交通工具传入；经济上资本主义经济发展；主观上以詹天佑等为代表的国人的努力。

②事件：19世纪60年代中期，中国人建造的蒸汽动力轮船"黄鹄号"试航成功，揭开了中

国近代造船工业的序幕；1872 年，官督商办的轮船招商局在上海正式成立，成为中国近代航运史上的里程碑。

【设计意图】通过对新式交通工具的梳理，让学生深刻了解工业革命对交通近代化的巨大促进作用。通过史料研读，让学生体会中国交通运输近代化的历程和国人为之做出的努力。通过关注我国铁路、航运的近代化中具有里程碑意义的事件，让学生体会中国人自主创新与开拓精神。

导入学习任务四：社会变迁

材料 1　交通系统的完备程度决定古代国家的领土规模、防御能力和行政效能。交通系统是统一国家维持生存的首要条件。社会生产的发展也以交通发达程度为必要条件。生产技术的革新、生产工具的发明以及生产组织管理形式的进步，通过交通条件可以成千成万倍地扩大影响，收取效益，从而推动整个社会的前进……从社会史、文化史的角度看，交通网的布局、密度及其通行效率，决定了文化圈的范围和规模，甚至交通的速度也对社会生产和社会生活的节奏有重要的影响。

——王子今《中国交通史研究一百年》

材料 2　1833 年"皇家威廉号"汽船从新斯科舍航行到英国。5 年后"天狼星号"和"大西方号"汽船分别以 16 天半和 13 天半的时间朝相反方向越过大西洋，其航行时间仅为当时速度最快的帆船所需时间的一半左右。1840 年塞缪尔·古纳德建立了一条横越大西洋的定期航线，它可以提前宣布轮船到达和出发的日期。

——斯塔夫里阿诺斯《全球通史：从史前史到 21 世纪》

材料 3　沿江沿海的航道上，太古、怡和、旗昌之类的外国轮船和招商局的中国轮船势力正盛，"上海之沙船、宁波之钓船、广东之红单船全失其利"，汉口以下的江船也"废业者逾半"。在华北和台湾，还出现了最初的铁路。借助于新式交通工具的速度和装载量，城乡交流的内容起了变化。

——陈旭麓《近代中国社会的新陈代谢》

材料 4　若地势阻隔，不能相通，故必铁路成，则万里之外，旦夕可至；小民生业，靡不流通；朝廷法旨，靡不洞达；山川之产，靡不尽出；风俗之陋，靡不尽除。使中国各省铁路全通，则国家气象大变：商民货物之蓄息，当增十倍；国家岁入之数，亦增十倍。至于调兵之捷速，可省多营；转漕无阻，可备海梗；民间无差徭科派之困，官吏无驿站办差之累。

——张謇《代鄂督条陈立国自强疏》

教师活动：引导学生分组探究交通变革对社会生活变迁的影响。

学生活动：小组讨论得出答案。

巩固国防，加强统治；加强联系，缩短时间和空间距离，有利于人口、货物、资源等城乡流动、南北交流和国内外交流；改变了出行方式、生活方式和生产方式，促进了城市化与交通产业化；新的产业链出现，如交通产业、旅游产业等；成为列强侵略中国、掠夺中国的工具。

【设计意图】通过史料研读和分组探究，让学生理解交通在历史发展中的重要作用，尤其对国家发展、城市变迁、信息传递和中国近代交通半殖民地化的影响，落实史料实证、历史解释和家国情怀素养。

课堂小结

随着物质生产的丰富、交流需求的增加和技术的发展，人们铺设道路，开凿运河，发明、改进车船，不断拓展陆上、水上交通路线，将人员和物资越来越快捷、安全地从一个地方运输到另一个地方。交通便利了人们的生活，推动了城市的兴起和发展，促进了国家的政治、经济和文化的进步。世界逐步联系为一个密切的整体。

作业拓展

请学生根据以下新闻材料，自拟论题，撰写一篇200字的历史小论文，要求论点明确，论从史出，史论结合。

2021年3月23日，一艘悬挂巴拿马国旗的重型货船在苏伊士运河新航道搁浅，造成航道堵塞。苏伊士运河是世界上最繁忙的贸易路线之一，约有12%的全球贸易量经过此地。劳氏船级社估算，运河东西向贸易额每天将损失96亿美元。"塞船"事件也扇动蝴蝶翅膀，影响全球市场上的石油、天然气、铜的供应，甚至可能影响卫生纸的生产。不仅如此，运输延误还会影响到人们在网上订购的衣服和鞋子、电子产品等。

——海报新闻报道《全世界最贵的苏伊士运河堵了，影响到底有多大？》

 设计反思与讨论

通过本节课的设计，目的是引导学生借助水陆交通变迁及其对社会生活的影响，能够认识人类拥有认识自然、发挥聪明才智改变世界的能力，并且能认识到交通、通信工具的进步是以整个社会的向前发展作为前提的，体现了时代发展的必然性。教学中选择了古今中外各种史书中关于交通的记载，让学生在研究史料中完成探究学习，从而落实历史学科核心素养。

纵观本节课，做得好的方面在于对课文内容进行了适时的整合，将复杂的内容简单明了化，有助于学生的理解，同时整节课思路较为清晰，学生能够紧跟老师的思路。但是做得不好的方面在于跟学生互动性的内容不多，应再改进。此外，情境的创设要更有生活性、引领性，既能提纲挈领地引起整堂课，又能引发学生参与活动过程的兴趣。

第 13 课　现代交通运输的新变化

设计思路

根据《普通高中历史课程标准（2017 年版 2020 年修订）》，本课教学拟达到以下要求：认识 20 世纪交通运输的新变化对民众生活及社会变迁的重要意义。

本课依据教材内容做了一些调整，设计分为三个部分：现代交通运输"新变化"、"新中国速度"探因和现代交通带来"新生活"。第一部分通过列表归纳和材料阅读，帮助学生了解 20 世纪以来现代交通运输在陆、海、空各领域的发展变革，共同探究现代交通呈现出的新特点；第二部分通过史料创设情境，让学生了解中国交通运输业取得的巨大成就，探究快速发展的原因，感受中国力量；第三部分通过史料研读，让学生理解交通运输在人类社会生活变迁中的重要作用。

经过上一节课的学习，学生应对传统陆海交通有一定了解，能够对 20 世纪以来的新变化有一个良好的认知基础。本课的学习能够帮助学生形成完整的交通运输发展的历史脉络，进而提高学生分析和解决问题的能力，提升学生的历史核心素养。

教学目标

1. 通过阅读教材，从世界和中国两个角度，了解海、陆、空交通的发展史实，见证中华人民共和国成立以来交通各个领域的快速发展与创新。

2. 通过了解现代中外交通运输发展的基本史实，认识现代各国的交通运输与社会生活是逐步发展、不断进步的过程。

3. 运用史料分析，理解中国特别是改革开放以来我国交通运输取得巨大成就的原因，激发学生的民族自豪感，培育家国情怀。

4. 认识现代交通新变化对社会生活的影响，提升学生历史解释素养，并增强学生的社会责任感。

重点难点

1. 重点：了解陆海交通的发展、航空的发展，主要是 20 世纪水陆空交通的发展变化。

2. 难点：现代交通与社会生活，突出交通对人们日常生活和城市的影响。

教学活动过程

导入 ▶▶▶

教师展示材料:

道路者,文明之母也,财富之脉也。试观世界今日最文明之国,即道路最多之国,此其明证也,中国最繁盛之区,即交通最便利之地,此又一证也。故吾人欲由地方自治以图文明进步,实业发达,非大修道路不为功。凡道路所经之地,则人口为之繁盛,地价为之增加,产业为之振兴,社会为之活动。道路者,实地方之文明、贫富所关也。

——孙中山《孙中山全集》

教师活动: 孙中山说"道路者,文明之母也,财富之脉也",由此可以看出交通对经济发展和文明开化具有重大意义。那么,在20世纪,各个国家在交通领域出现了哪些新变化? 中国又是如何紧跟世界潮流,在交通领域迎难赶上的? 它实现了哪些大幅跨越?

【设计意图】用文本解读的形式导入新课,直接点明本课学习内容,即20世纪的中外交通新变化及其意义,让学生带着问题进入本课学习。

导入学习任务一: 现代交通运输的"新变化"

(1)陆海交通

教师活动: 通过阅读教材让学生了解20世纪以来世界和中国陆上交通发展的相关史实,要求学生对史实进行归纳整合,列表概括现代交通的新发展,包括陆海交通的新发展和航空的发展。

学生活动: 阅读教材并列表整理。

20世纪以来中外陆海空交通发展概况

汽车工业	世界	成就	1908年,美国福特T型汽车是世界上第一款量产车,是当时先进的工业生产技术与管理的典范
		影响	汽车设计越来越科学化、人性化、精细化,并逐步成为现代社会广泛使用的重要交通工具
	中国	成就	1958年,中国制造的第一辆小轿车诞生。汽车工业逐渐成为国民经济的支柱产业之一
高速公路	世界	原因	汽车工业的发展推动着道路的建设,高速公路在两次世界大战之间出现
		成就	1929—1932年,德国建成世界上第一条高速公路(科隆至波恩)
		发展	第二次世界大战后,高速公路在各国广泛发展
	中国	成就	1988年建成的上海沪嘉高速,是中国大陆建成的第一条高速公路。到2018年底,中国高速公路总里程位居世界第一

续表

高速铁路	世界	成就	1964年，日本"东海道新干线"是世界上第一条商业运营高铁
	中国	成就	2008年，京津城际铁路通车运营，中国进入高铁时代； 到2019年底，中国高铁运营里程已超过3.5万千米； 中国高铁在核心技术上实现自主创新，整体技术领先世界； 中国高铁积极走出去，在众多国家开展高铁项目
航运船舶	世界	航运技术	20世纪进一步提高，突出表现在航海雷达的使用和海事卫星通信系统的发展
		船舶制造	船舶制造呈现出大型化、专业化、高速化和自动化等多种趋势
		海底隧道	1994年开通的英法海底隧道，是世界上最长的海底隧道和第二长的铁路隧道，将英国和欧洲大陆紧密地连接起来
	中国	发展	1978年前，中国造船业主要是为国防建设服务的，此后逐渐融入市场
		成就	1982年，中国首次按国际标准建造，并交付了出口船舶，中国造船企业正式进入世界造船市场； 2018年，中国造船完工量、新接订单量、手持订单量的国际市场份额均超过40%
航空发展	世界	成就	1903年12月，美国莱特兄弟设计的"飞行者1号"成功升空，飞机时代开始； 1914年，美国开通从旧金山到洛杉矶的航线，这是世界上第一条空中航线；1919年，定期的国际航班在欧洲开通； 20世纪上半期，飞机的材质变成金属，喷气式飞机出现并得到广泛应用； 20世纪70年代开始，宽体客机成为空中运输的主流
	中国	成就	1950年，中华人民共和国成立第一家航空公司——中苏民用航空股份公司； 2018年，中国民用航空共有机场235个，飞机3639架，定期航线4945条，其中国际航线849条，定期航班国际通航65个国家165个城市，全年旅客吞吐量12.65亿人次，货邮吞吐量超过1674万吨

教师展示材料：

材料1

2015—2019年全国公路总里程及公路密度

（图片来源：2019年交通运输行业发展统计公报）

材料 2

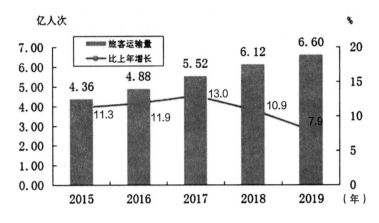

2015—2019 年民航旅客运输量

（图片来源：2019 年民航行业发展统计公报）

教师活动：引导学生根据整理的列表以及材料探究 20 世纪以来交通运输新发展的特点有哪些。

学生活动：结合表格及材料分析作答。

20 世纪世界交通发展由一国到多国；交通发展速度不断提高；新式交通工具发展推动道路建设；陆、海、空立体交通出现，并呈现出高速化、专业化、网络化的新特点；中国交通运输事业起步晚但发展快。

【设计意图】通过列表归纳与中西对比，能在特定的时间联系和空间联系中对交通运输发展进行观察和分析，培养学生的时空观念，加强对基础知识的落实和掌握。在此基础上引导学生进行探究式学习，提高学生自主合作学习和提炼信息的能力，培养学生运用历史唯物主义观点分析问题的能力。

导入学习任务二："新中国速度"探因

材料 1　中华人民共和国成立后，中国政府明确提出首先要创造一些基本条件恢复交通运输。经过 3 年的国民经济恢复期，我国修复了被破坏的交通运输设施设备，恢复了水陆空运输。

1978 年，改革开放揭开了中国经济社会发展的新篇章，交通运输业步入了快速发展阶段。中国政府把交通运输放在优先发展的位置，加大政策扶持力度，在放开交通运输市场、建立社会化融资机制方面进行开创性探索……

1992 年，中国确立了建立社会主义市场经济体制的改革目标。交通运输不断加大改革开放力度，各种运输方式发展取得突破性进展。

——摘编自《中国交通运输发展》白皮书

材料 2　中国政府对航空运输业的管理体制经历了 4 次改革：1949—1980 年初，参照苏联航空运输管理体制，以军方管理为主；1980 年 3 月，民航脱离军队建制，改为国务院直属机构，实行企业化管理。到 1986 年为止的这段时间，中国民用航空局实行高度的政企合一管理体制。1987 年，对航空运输实行"政企分开"和"机场与航空公司分设"，航空运输的管理开始法治化、市场化。2002 年，成立六大航空集团公司，与民航总局脱钩。2008 年，中国民用航空公司改名为中国民用航空局，并入交通运输部。

——摘编自贺富永、李乾贵《全球化背景下我国航空运输业
政府管理体制改革的历程与方向探析》

材料 3　中共十八大以来，在习近平新时代中国特色社会主义思想指引下……基础设施网络规模居世界前列，运输服务保障能力不断提升，科技创新能力显著增强，行业治理现代化水平大幅跃升，人民高品质出行需求得到更好满足，中国加快向交通强国迈进。

——《中国交通的可持续发展》白皮书

材料 4　进入 21 世纪以后，中国交通运输业步入了良性发展期，交通发展规划已经予以明确，交通设施网络正按国务院已批准的规划在全面地实施中，高速公路每年以 3000 公里以上的速度在向网络化逼近，高速铁路已由规划成为现实，港口发展已遥居世界之首，航空运输仍快速增长。

——王庆云《中国交通发展的演进过程及问题思考》

材料 5　2009 年，港珠澳大桥项目刚刚成立，在管隧道领域，中国的技术还无法比肩国际水平。当时全国江河沉管隧道总长不超过 4000 米，在此基础上要建立一个长 5664 米的外海沉管隧道，费用之高、难度之大、风险之大，难以想象！

面对外国公司 15 亿元的漫天要价，林鸣和他的团队决定走自主研发之路。他带领团队攻破无数难关，一起熬过无数个夜。在筹备第八个"孩子"——E8 沉管安装的关键时刻，林鸣出现了鼻腔大出血，情况十分危险。在做了两次全麻手术后，他立马又投入安装工作，医生只好跟着上船。10 年来，几乎每到关键和危险的时刻，林鸣都会像"钉子"一样，几小时、十几个小时、几十个小时地"钉"在工地。10 年来，他瘦了整整 40 斤。

在林鸣的带领下，建造港珠澳大桥过程中创造了一个又一个"第一"，实现了中国建设从"跟跑"到"领跑"的蜕变，向全世界展示了中国的智慧和实力！

——《"朗读者"林鸣：人生就是要不断出发》

教师活动：引导学生依据材料和所学知识，分组探究为什么中华人民共和国成立特别是改革开放以来，我国交通运输方面能取得如此巨大的成就？

学生活动：合作探究并分享答案。

①政治上，中华人民共和国的成立、社会主义制度的建立为交通事业发展提供了制度保障；党和政府鼓励和扶持的政策利于交通运输业的发展。

②经济上，中华人民共和国成立后特别是十一届三中全会以后实行改革开放，1992 年提出建立社会主义市场经济体制，经济实力和综合国力不断增强，为交通运输发展提供了物质保障。

③思想上，改革开放以来不断解放思想，科技创新与技术进步为交通事业发展提供了思想和技术支撑。另外，中国交通事业的发展离不开科学家和广大科技工作者们的智慧与付出。

【设计意图】通过研读资料，感受新中国成立以来尤其是改革开放后的交通成就，增强学生的民族自尊心和自信心；通过分析现代交通成就的原因，让学生认识到现代中国交通取得的成就是基于中国综合国力提升、科技进步和广大科技工作者的努力，进而激发学生的社会责任感，涵养家国情怀。

导入学习任务三：现代交通带来"新生活"

（1）个人层面：新式交通促进了人们时间观念的变化

材料1　在近代，交通运输系统是当时最需要时间纪律以维系工作效率的部门，轮船、火车、汽车等近代新式交通工具进入，对人们时间意识的影响是多方面的。新式交通使人们开始确立科学的时间观念，开始从看天空转变为看钟表来确定时间，标准时间开始出现并逐步取代地方性时间……新式交通改变了人们生活中的时间节奏和人们的时间距离感知……也使人们开始有了"时间就是金钱"等近代观念。……

1937年1月11日京沪（南京—上海）特快列车，全程运行时间缩短为上行4时48分，下行4时50分，停靠苏、锡、常、镇四站，共有定点列车18对，其中客车12对，货车6对。行车密度，上海常州间15对，常州镇江间15对，镇江南京间14对，区间行车速度为每小时80公里。……运行时刻表均精确到了分钟，改变了传统的日常生活秩序。

——丁贤勇《新式交通与生活中的时间：以近代江南为例》

教师活动：引导学生依据材料思考人们时间观念出现了哪些变化？新式交通是如何影响人们时间观念的？

学生活动：思考并回答。

①变化：时间观念从粗略不断走向细化；不断渗透到普通民众。

②影响：人们在日常生活不断重复接触新式交通时间，逐渐深化了对标准时间的认识；新式交通改变了人们生活中的时间节奏；强化了人们的守时美德，使人对时间的依赖感不断加深；新式交通促使人们对时间价值有了新诠释——"时间就是金钱"。

（2）社会层面：交通变革推动了城市化进程，城市化进程又深刻影响着交通发展

材料2　19世纪上半叶美国东北部海岸城市迅速实现区域城市化，东北部城市的繁荣为西部的开发提供了强有力的后盾。由于运输条件改善，运河和铁路快速兴建，贸易、商业发展迅速，移民进程加速。移民在西部进行的开发带动了各行各业的迅速发展。农业的革命提高了农业产出的效率，节省了大量的劳动力，农业剩余劳动力就转向西部去寻找新的可开发的土地，其中一部分就来到城市找工作，成为推动城市发展的一支力量。

——董革非《美国城市化进程对中国城市发展的启示》

材料3

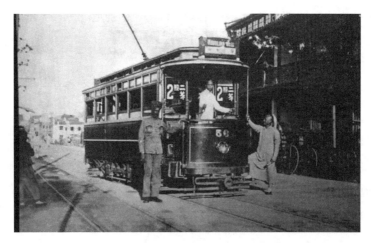

1908 年 2 月 6 日，中国第一辆有轨电车于上海英租界试行

教师活动：引导学生探究"运输条件改善"对推动美国西部城市发展的作用，结合材料谈谈交通运输业的发展影响城市化进程带给我们的启示。

学生活动：结合材料分析并作答。

①作用：加速东部向西部移民的进程；便利农村劳动力向城市转移。

②启示：大力发展经济，为交通运输业发展创造条件；大力发展城市公共交通；研制推广更加快捷安全的交通工具；研制推广环保型交通工具；学习借鉴其他国家在发展城市交通方面的经验教训。

（3）国家层面：交通发展是国家综合国力竞争的重要因素

材料4　到 2020 年，完成决胜全面建成小康社会交通建设任务和"十三五"现代综合交通运输体系发展规划各项任务，为交通强国建设奠定坚实基础。

从 2021 年到本世纪中叶，分两个阶段推进交通强国建设。

到 2035 年，基本建成交通强国。……

到本世纪中叶，全面建成人民满意、保障有力、世界前列的交通强国。

——摘自 2019 年 9 月 19 日中共中央国务院印发的《交通强国建设纲要》

教师活动：引导学生思考规划建设交通强国有哪些现实意义？假如你是市长，针对日益严重的城市拥堵现象，你有哪些治理措施？

学生活动：合作探究并回答。

①现实意义：建设交通强国是满足人民日益增长的美好生活需要的必然要求；交通现代化是一个国家现代化水平的重要标志，建设交通强国是建设社会主义现代化强国的内在要求；新一轮科技革命和产业变革孕育兴起，建设交通强国是顺应世界交通发展大势的客观需要。

②参考措施：加强政府干预，合理控制交通需求；强化公共交通优先理念；增加道路交通投资供给；优化改善交通组织；提高交通信息化程度。

【设计意图】在学生对前面知识已经归纳总结的基础上，引导学生思考深层次问题，体现知识的递进性。通过引导学生探究式学习，落实本课难点即交通运输对人类社会生活的重大意义，培养学生运用唯物史观分析问题的能力，提升历史解释素养。

课堂小结

通过本单元学习，我们认识到交通和交通工具的变化是一个逐步发展、不断进步的过程，各区域的发展程度虽有差异，但交通的发展始终影响着世界各地人们的生活，有利于人类文明的发展进步。因而建设交通强国是满足人民日益增长的美好生活需要的必然要求，是顺应世界交通发展大势的客观需要。

作业拓展

结合历史与现实，学习 2019 年底中共中央、国务院印发的《交通强国建设纲要》，培养学生的人文情怀和关注现实问题的意识，培育家国情怀素养。

 设计反思与讨论

本节课在教材原有的基础上进行微调，设计了三个部分来探究现代交通的变迁与新发展。先是引导学生梳理知识之间的内在逻辑关系，完成相关内容的总结与归纳，这样设计可以使学生对本课内容的把握更加有据可抓，从而更加有利于提高教学的有效性。

本课教学设计更注重对学生的设问引导，问题形式多样，具有递进性。设问既包括简单的问答，也包括探究性的分析和思辨性的思考，有利于提升学生的历史解释素养，尤其是家国情怀的涵养。通过对本课的学习引导学生从世界的视角看中国，从中国的视角看世界，在激活思维的同时提升学生的社会责任感和历史使命感，涵养爱国情怀。

第六单元　医疗与公共卫生

第14课　历史上的疫病与医学成就

设计思路

本课施教对象为以历史作为选考方向的高二学生。一方面，学生经过高一《中外历史纲要》的学习并把历史学科作为选考科目，已具备一定的历史知识和历史素养，而本课可以提供更为复杂的史料以供辨析，如近代早期中西战"疫"经验比较等。但另一方面，本课的教学内容十分专业，医疗史和疾病史对师生双方来说都是非常陌生的。为了契合学生的这一情况，本课注重对知识的结构化搭建，并注重对现实生活的关照，注重方法的指导与史观的引领。

教学目标

1. 能够通过各种类型的史料，建立对"疫病"这一概念的初步印象，知道古今中国疫病发生与防治的经典案例。

2. 知道中医学对疫情防治的贡献，通过伍连德东北战"疫"故事，了解近代医学在战"疫"过程中的重要作用。

3. 通过伍连德成长年表和近代以来中国防疫大事年表，了解近代以来西医在中国的传播；梳理中国医学在近代的发展。通过这一过程学习如何在大事年表中提取有效信息，学会用大事年表呈现历史事件。

4. 探讨中西医在抗疫中的贡献。

重点难点

1. 重点：了解中医药的成就。
2. 难点：了解古代的疫病应对措施；理解疫病对人类历史进程的影响。

教学活动过程

 导入 ▶▶▶ --

教师展示《瘟疫论》并介绍相关情况：明末清初，战争不断，疫病在北京、河北、江苏、山东、浙江等地肆虐。吴有性的家乡江苏吴县"一巷百余家，无一家仅免；一门数十口，无一口仅存"。这使吴有性痛心疾首，他放弃科举而从医，留下了医学名著《瘟疫论》。他提出新的传染病原"疠气"致病的学说，更接近近现代的认识，在当时的医学界具有先进性。

教师活动：这说明什么情况？

【设计意图】疫病古已有之，古人在长期与疫病抗击过程中积累了一定的经验。通过吴有性的相关案例，使学生更直接地了解疫病相关的历史事件。

导入学习任务一： 历史上的疫病

（1）疫病

疫病是指由细菌、病毒等强烈致病性微生物感染人体而引起的急性传染病，也就是流行性急性传染病。其传播速度快、范围广、时间长，危害极大。长期以来人类饱受疫病的折磨。

（2）古代的疫病

①天花

天花是人类接触最早的疫病之一，延续了数千年之久。天花是由天花病毒引起的烈性传染病。专家们推测，可能在一两万年前地球上就有天花病毒。古代世界大约60%的人会受到它的威胁，1/4的感染者会死亡，幸存者中的一半以上会留下麻面或失明。天花是古代最令人恐惧的传染病。据传，天花病毒最早感染给人类，可能是在3000年前的印度或埃及。从古埃及法老拉美西斯五世木乃伊上，可以发现天花留下的瘢痕，这是目前最早的天花例证。

法国国王路易十五、英国女王玛丽二世、德皇约瑟一世、俄国皇帝彼得二世等，都是感染天花而死的。整个18世纪，欧洲死于天花的人数在1.5亿人以上。16世纪初，西班牙殖民者把包括天花在内的众多传染病带到了美洲。

②鼠疫

鼠疫是鼠疫杆菌借鼠蚤传播为主的烈性传染病，患者常常出现发热、毒血症、淋巴结肿大等症状。它是古代社会爆发时间极长、危害极大的疫病，导致人口的锐减与社会生产停滞甚至倒退，给人类留下了惨痛的回忆。

14世纪的黑死病持续时间长，欧洲人口死亡过半，给社会带来巨大冲击。黑死病是鼠疫的一种，因患者皮肤呈现黑斑，所以称为黑死病。它的流行发生在14世纪，至于它的起源，众说纷纭。仅 1347—1350 年，欧洲死于该病的人数估计就有 2000 万—3000 万人，占当时欧洲总人口的 1/3。佛罗伦萨一地的人口在 1348 至 1427 年几乎减少了 3/4。

教师活动：展示教材第 80 页的图片《15 世纪关于黑死病的木刻版画》。从这幅图片中，你可以得到哪些有效信息？

学生活动：这幅木刻版画，反映了人们对这段历史的深刻印象，展现了当时人们对此产生的强烈恐惧心理。

材料 1　宏伟的宫室，华丽的大厦，高大的宅第，从前达官贵妇出入如云，现在却十室九空，连一个最低微的仆从都找不到了！有多少显赫的姓氏、巨大的家产、富裕的产业遗下来没有人继承！有多少英俊的男子、美丽的姑娘、活泼的小伙子，在早晨还同亲友们一起吃点心，十分高兴，到了夜里，已到了另一个世界去陪他们的祖先吃晚饭了。

——薄伽丘《十日谈》

材料 2　这场瘟疫不知道是受了天体的影响，还是威严的天主对作恶多端的人类的惩罚，不到几年工夫，死去的人已不计其数。……浩劫当前，这城里的法纪和圣规几乎全部都荡然无存了；因为神父和执法的官员，也不能例外，都死的死，病的病了，要不就是连一个手底下人也没有，无从执行他们的职务了；因此，简直每个人都可以为所欲为。城里的人们大难当前，丢下一切只顾寻欢作乐，乡下的农民，自知死期已到，也再不愿意从事劳动，田里的麦田早该收割了该打好收藏起来了，却没有一个人来过问一下。

——薄伽丘《十日谈》

教师活动：薄伽丘描述了 14 世纪意大利佛罗伦萨瘟疫大流行的相关情况，对此你有怎样的认识？

学生活动：薄伽丘是意大利佛罗伦萨文学家，文艺复兴的代表人物。《十日谈》故事背景是佛罗伦萨遭遇黑死病的侵袭，大量人口死亡，恐惧蔓延在整座城市。十位男女青年逃往郊外别墅，以躲避瘟疫。这段材料主要展示的就是《十日谈》对黑死病影响的描述。佛罗伦萨曾经是意大利经济文化极为发达的城市，手工业者和商人云集，然而饱受黑死病的灾难。材料中呈现的巨大反差，是黑死病来临时的真实写照。

（3）疫病的影响

疫病给人们的健康带来巨大威胁，甚至导致政治、经济的变动。

古希腊伯罗奔尼撒战争前期，雅典突然爆发严重的鼠疫，死亡军民人数在一半以上，雅典将军伯里克利也未能幸免，雅典政治的走向明显转变。亚历山大帝国强盛之时，公元前 323 年，亚历山大在巴比伦深染疫病而亡，他一手建立的亚历山大帝国随之土崩瓦解。明军、大顺军以及大量民众染病，患病者发高烧，脖子肿大，大批患者死亡。黄热病是由黄热病毒引起的，主要通过伊蚊叮咬传播的急性传染病。患者会出现高热、黄疸等症状，因此该传染病被称为黄热病。黄热病传染性强、死亡率高，主要出现在非洲、美洲等地区。1918—1919 年，西班牙流感全球大暴发。

黑死病、"一战"和"二战"在其影响所及之处都有更高的死亡率，但是历时很多年，并不具有普遍而迅速的破坏性。而西班牙流感的绝大多数死亡病例只发生在短短六个月中，并且波及地球上几乎每一个种族。尤其是因为有那么多的青壮年死亡，其影响要比这些数字本身所显示的更大。

（4）对疫病的防治
①古代对疫病的防治。

材料3　古人强调在疾病发生前就做好预防，平时坚持体能锻炼，培补正气，才会有足够的免疫力。当疫病处于萌芽阶段时，医者会及时采取预防和治疗措施，至迟在秦代就制定了对疑似传染病患者的报告制度。在中国古代，商朝就有法令制裁在街道倾倒垃圾的行为，周代设有负责道路打扫和清洁的官职，东汉时毕岚还发明了可用来在街道洒水用的机械。古代也很注意在城市建造公厕以保证卫生，强调不吃过时变质的食物，同时，中国人素有饮用热开水的习惯，并用丝布遮盖口鼻以防粉尘和口气污染。历代医学家们在与疾病的抗争中积累了丰富的疫病防治经验，如东汉末年瘟疫盛行，张仲景奋力写成《伤寒杂病论》，奠定了"辨证施治"的基础。历代医学家们还创制了许多防治疫病的药方药剂，如唐代孙思邈的雄黄丸、金代刘完素的黄连解毒散、明代吴又可的达原饮、清代吴鞠通的银翘散等。

——摘编自王星光《中国古代的疫病探求与防治应对》

教师活动：引导学生根据材料并结合所学知识分析，古人在疫病防治方面采取了哪些措施？

学生活动：古人逐渐重视公共卫生与疫病的防治。古人已经建立疫病的救治机构。

【设计意图】通过阅读教材，培养学生分析材料、解读材料的能力。通过本环节的教学，使学生明白古人在疫病救治方面的努力。

②近代对疫病的防治。

教师活动：根据书本知识完善梳理表格。

近代疫病防治成果

时　间	国　籍	人　物	成　果
18世纪晚期	英国	詹纳	牛痘接种法
19世纪	法国	巴斯德	巴氏消毒法
1928年	英国	弗莱明	青霉素

导入学习任务二：中医药的成就

中医在实践中建立了独特的理论体系，积累了大量的诊断防治经验，形成了博大精深的中医药学，为中国乃至世界医学的发展做出了卓越的贡献。

教师活动：引导学生根据材料并结合所学知识，概括梳理中医药的成就。

①战国时期的扁鹊已经用"望闻问切"四诊法进行诊断。

②成书于战国至西汉间的《黄帝内经》，总结了先秦、秦汉时期大量的医学经验，以阴阳五行学说解释人体的生理现象和病理变化，阐明人与自然的有机联系，是一部重要的中医基础理论著作。

③东汉晚期，名医华佗精通外科手术，创制了麻醉药"麻沸散"以及健身方法"五禽戏"。

④张仲景著《伤寒杂病论》，奠定了中医临床学的基础。

⑤唐朝医学家孙思邈总结前代经验，著成临床百科全书《千金方》，他被后人尊称为"药王"。

⑥针灸在中医治疗中发挥着很大作用，它建立在经络学说基础之上，治疗效果显著。

材料1 北宋时期出现的针灸铜人，是医学教学模型。铜人内部注水，人们用黄蜡密封铜人外表的孔穴，如针刺准确，水会从孔穴渗出。针灸教学模型的使用，体现了中医针灸学临床实践与教学的发展水平。

——《历史 选择性必修2·经济与社会生活》

教师活动：引导学生查阅资料，了解针灸铜人的概况。

学生活动：针灸之学源远流长，但是直到北宋初年，针灸书籍谬误丛生，常常误导临床实践，因而宋仁宗下令翰林院医官王唯一，铸造针灸铜人，规范针灸之法。王唯一制成铜人两具，铜人可以拆解，其中五脏六腑清晰可见，其外表涂上蜡，掩盖经络穴位。学生考试的时候，用针刺穴位点，如果不正确就难以刺入，正确就有水或水银流出。

材料2 予开卷细玩，每药标正名为纲，附释名为目，正始也。次以集解、辨疑、正误，详其土产形状也。次以气味、主治、附方，著其体用也。上自坟典，下及传奇，凡有相关，靡不备采。

——王世贞《〈本草纲目〉原序》

教师活动：引导学生谈谈对《本草纲目》体例特点的认识。

学生活动：全书框架一目了然；体例完备，大纲、条目、解释、辨误、图像、功用全面；重视前代医学家的研究成果；作者深入临床实践，辨析真伪，裨补缺漏。

教师活动：引导学生梳理完善下列表格。

学生活动：完成表格。

中国古代中药典籍

朝　代	人　物	著　作	地　位
唐	苏敬等	《唐本草》	世界上第一部由政府颁布的药典
明	李时珍	《本草纲目》	"东方药学巨典"

导入学习任务三：西医在中国的传播

（1）西医发展

①依据：以化学、生物学、物理学等为依托，借助精密仪器及数据分析。

②研究领域：解剖学、诊断学、药学等方面。

③研究成果：A.揭示血液循环规律：17世纪，英国哈维《心血运动论》。B.观察微生物：荷兰人列文虎克，制作显微镜。C.创立实验药理学：19世纪，将生理与临床结合，探索各种药物的功能和作用。

（2）西医在中国的传播

①明末清初：西医传入中国，但影响有限。

②鸦片战争后：A.西式医院：分科完备，技术先进。牛痘接种法、麻醉术、放射技术等。B.西医院校：把教学、科研与临床结合一起，培养了相当数量的西医人才。C.公共卫生：预防传染病、普及公共卫生知识，实行公共卫生措施。

课堂小结

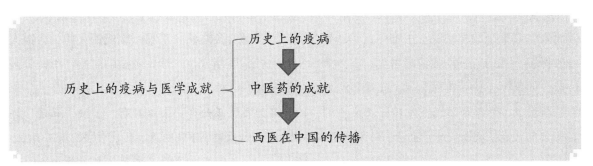

作业拓展

1910年末到1911年初，东北鼠疫肆虐，伍连德等大量医护人员参与到控制和扑灭东北鼠疫的工作中。这次鼠疫的防治工作得到了国际社会的认可。1911年4月国际鼠疫研究会在沈阳召开，伍连德任主席。这是在中国召开的首次国际卫生会议，来自英、日、俄、德、法等12个国家的公共卫生专家聚集一堂，确定了许多国际通行的防疫准则，推动了中国近代公共防疫事业的发展。

思考：西医传入对中国人的健康产生了怎样的影响？

 设计反思与讨论

疫病的流行让人类饱受痛苦，不仅带来人口死亡与社会混乱，而且给人类政治、经济的发展造成消极影响，但客观上促进了医学与公共卫生的进步。中国古代的医药文化博大精深，在大量临床经验的基础上，形成独特的理论体系、诊断方式与治疗手段。明清时期，西方医学传入中国。第二次世界大战后，现代医疗卫生体系发展迅速，对人类的身心健康产生了积极影响。

在教材处理上，本课涉及的内容对学生来说陌生又熟悉，陌生是因为教材知识从未接触过，熟悉是因为我们人类正在遭受的这场疫情，学生感同身受。在教学过程中不可能做到面面俱到，因而选取重点、难点加以突破。同时，在教学中，注重渗透核心素养。《历史上的疫病与医学成就》一课注重学生史学核心素养的培养。执教教师以《瘟疫论》中的史料导入，课堂之中，也有大量史学材料的运用，既培养学生提取信息、分析概括的能力，同时把史料实证、历史解释两个核心素养的落实贯穿其中。教师以问题为导引，环环相扣，既体现教师的主导性又充分发挥学生的主体作用，使课堂有序又不时发生思想碰撞。

第 15 课　现代医疗卫生体系与社会生活

 设计思路

　　"现代医疗卫生体系的建立"同"历史上的疫病与医学成就"关系密切，是对过往疫病防治经验和中西医学成就的继承与发展。现代医疗卫生体系不仅对保障人类生命健康起着关键作用，同时还从公共卫生的角度对民众的社会生活提出了新的要求。因此，本课一方面在叙事逻辑上与第 14 课《历史上的疫病与医学成就》有所关联，另一方面又极为贴近当代民众尤其是学生的现实生活，体现出鲜明的时代特征。

　　本课内容对大多数学生来说是陌生的，《中外历史纲要》对"现代医疗卫生体系的建立与发展"几乎没有介绍，又由于学生生活经验较少，受限于已有的知识储备与生活经验的缺失，他们对本课内容所涉及的一些如"基本医疗卫生体系""医疗服务体系"等名词知之甚少。

 教学目标

　　1. 通过文字、图片、教材等资料，了解现代医疗卫生体系建立和发展的历史背景。

　　2. 通过阅读材料与图片，了解现代医疗卫生体系对保障人民生命健康的关键作用。

　　3. 通过阅读材料与图片，感悟在新冠肺炎疫情中党中央各项措施体现出的"人民至上、生命至上"的以人民为中心的发展理念。

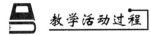 重点难点

　　1. 重点：了解现代医疗卫生体系建立和发展的过程。

　　2. 难点：了解中国现代医疗卫生体系建立的背景；知道中国现代医疗卫生体系建立和发展对保障人民生命健康的重要作用。

 教学活动过程

（导入）▶▶▶
- -

　　教师活动：播放抗疫歌曲《爱的桥梁》。"风轻轻，云淡淡，一觉醒来红日高照，照亮路和桥，

牵手走过天涯海角……"

教师活动：引导学生回答歌曲中表达了什么样的主题？

【设计意图】这首广为传唱的《爱的桥梁》，由邹友开作词、蒋舟作曲，北京歌剧舞剧院青年作曲家杨翼编曲，北京歌剧舞剧院国家一级演员女高音歌唱家吴春燕携手星光大道年度亚军云飞共同演唱，表达了人类共同抗击疫情的决心。

导入学习任务一： 现代医疗卫生体系的建立

材料1　现代医疗卫生体系，包括基本医疗卫生体系、医疗服务体系、药品供应体系与医疗保障体系等内容。它们对保障人类健康、提高生活质量具有重要意义。

——《历史 选择性必修2·经济与社会生活》

材料2　基本医疗卫生体系：各层级的医院、专业公共卫生机构、基层医疗单位大量出现。医疗服务体系：为城乡居民提供一定医疗服务权利的制度体系。药品供应体系：供应充分、质量可靠、价格合理、规范有序的药品供应体系为满足人民群众基本用药需求、提高人民群众健康水平、人人享有基本医疗卫生服务做出了重要贡献。医疗保障体系：医疗保障体系为民众的医疗卫生事业带来物质支持，对保障人们的健康起到重要作用。

——摘编自王聪悦《美国公共卫生治理：沿革、经验与困境》

教师活动：引导学生根据材料，分析现代医疗卫生体系包括哪些内容并指出其意义？

学生活动：阅读材料，思考回答。

内容：基本医疗卫生体系、医疗服务体系、药品供应体系与医疗保障体系等。

意义：对于保障人类健康、提高生活质量具有重要意义。

【设计意图】通过阅读教材，培养学生分析材料、解读材料的能力。通过本环节的教学，使学生明白相关基础概念。

材料3　"二战"结束后，英国慈善家和社会改革家提出的关于建立惠及大众的免费医疗体制的呼吁得到政府的高度重视，并最终于1948年通过了"全民健康服务法案"，该法案的基本原则是：为所需者提供免费医疗。只要是英国居民或是在英国居住一年以上的外籍人士，在生病后都会由政府承担高昂的医疗费用。为了保证医疗卫生体系的有效运行，英国政府还建立了一支分布于各个社区医疗机构的高素质医护队伍。20世纪70年代以后，国民医疗服务体系屡经修改，规定某些医疗项目实行收费服务，不过基本的医护费用仍然由国家负担，这个原则并没有改变。

——钱乘旦《英国通史》

教师活动：引导学生根据材料3并结合所学知识，概括"二战"后英国公共卫生事业发展的特点及影响。

学生活动：思考并回答。

①特点：立法手段推动；覆盖面广（惠及大众）；种类多；政府高度重视；政策不断调整和完善。

②影响：缓和社会矛盾；有利于社会稳定与发展；加大了国家财政负担。

材料 4 "二战"后，美国的公共卫生服务被纳入社会福利事业范畴，由联邦政府的卫生机构负责。地方政府在医疗应急管理制度上的差异、地方保护主义风气等因素塑造了"公共卫生联邦主义"，即一方面地方政府可以配合联邦政府来解决医疗补助、健康教育、卫生规划等方面的事务，另一方面也可以保护本地区利益为由拒绝配合联邦政策。20 世纪 80 年代，美国公共卫生从"政府统治"向"多元治理"迈进，政府依靠市场机制，利用多元主体提供公共卫生服务。但依赖市场制度的弊病是，公共卫生资源和服务质量会因社会的贫富差距出现分化。同时，美国种族主义根深蒂固，有色人种难以享受与白人等同的及时治疗、低价消费处方药等卫生服务权利。卫生不公平的"痼疾"使得美国公共卫生治理困难重重。

——摘编自王聪悦《美国公共卫生治理：沿革、经验与困境》

教师活动：引导学生根据材料 4 并结合所学知识，概括"二战"后美国公共卫生服务的发展演变情况。

学生活动："二战"后，美国的公共卫生服务被纳入社会福利事业范畴，由联邦政府的卫生机构负责；20 世纪 80 年代，美国公共卫生从"政府统治"向"多元治理"迈进，政府依靠市场机制，利用多元主体提供公共卫生服务。但是存在的弊端也较多。

材料 5 新中国成立之初，我国仅有 9 个妇幼保健院和 11 个专科防治所。为了加强对公共卫生事业的领导，1949 年 11 月在卫生部内设立了专管卫生防疫的公共卫生局，统一负责全国的卫生防疫工作。1951 年向苏联学习建立了城市职工医疗保障体系，此后，覆盖人群与享受水平不断扩大和提高。面对资本稀缺、人才匮乏的约束条件，新中国非常注重卫生政策和卫生体制的本土化创新，提出了"面向工农兵、团结中西医、预防为主、卫生工作与群众运动相结合"的卫生工作方针。在城市医疗保障制度不断建立完善、爱国卫生运动有序开展的背景下，政府开始关注农村地区的医疗保障问题。1965 年毛泽东做出"把医疗卫生工作重点放到农村去"的指示，卫生工作的重点开始转向农村。

——摘编自傅虹桥《新中国的卫生政策变迁与国民健康改善》

材料 6 新中国成立以后，在很长时期里，政府医疗卫生工作的重点放在预防和消除传染病等基本公共卫生服务方面，大力开展爱国卫生运动……推动医防结合，真正把问题解决在萌芽之时、成灾之前，努力让群众"不得病、少得病"。

——吴超《从卫生防疫到全民健康：新中国的疫病防控和公共卫生安全事业》

教师活动：引导学生根据材料 5、材料 6 概括中华人民共和国成立后政府努力让群众"不得病、少得病"的举措，并结合所学，概述我国在现代医疗卫生体系建设方面取得的成就。

学生活动：阅读材料与教材，思考回答。

①举措：预防为主，医防结合；开展爱国卫生运动。

②成就：基本医疗卫生体系逐渐建立；医疗机构服务职能不断扩大；药品供应体系不断完善；大力推进医疗保障体系建设。

教师活动：引导学生根据教材第 87 页相关内容，思考中华人民共和国是怎样完善医疗保障体系的。

学生活动：从中华人民共和国成立到 20 世纪 60 年代，国家已经把城镇工作人员纳入公费医疗系统。改革开放后，国家建立了城镇职工基本医疗保险制度、城乡居民基本医疗保险制度和城乡医疗救助制度，使全民病有所医。

材料 7 自 20 世纪 50 年代初，国家就开展计划免疫预防接种工作，大力推行种痘，进行霍乱、伤寒、流行性脑脊髓膜炎等疫苗的预防接种。国家不仅注意城市公共卫生的发展，而且在 1950年 8 月第一届全国卫生会议上提出了县设卫生院、区设卫生所、行政村设卫生委员、自然村设卫生员的任务。这些基层机构的卫生医务人员相互配合，通过发动群众开展公共卫生活动，成功执行公共卫生计划。通过努力，我国逐步组建了卫生防疫、地方病控制、妇幼保健等比较完整的公共卫生机构体系。新中国在公共卫生事业上的成绩和经验被世界卫生组织称为"以最少投入获得了最大健康获益"的"中国模式"，并在世界其他国家宣传和推广。

——摘编自胡克夫《试论新中国社会主义卫生事业和防疫体系的创立与发展》

教师活动：引导学生根据材料归纳新中国公共卫生事业发展的主要特征。综合上述材料，谈谈你对中国医疗卫生事业发展的认识。

学生活动：思考并回答。

①主要特征：国家主导；预防为主；城乡协调发展；广泛发动群众参与；健全卫生防疫网络。

②认识：注意中西医的协调运用；重视人民群众的作用；坚持政府的领导。

导入学习任务二：医疗卫生事业的发展与社会生活

（1）医疗卫生事业的发展，促进了人民健康状况的改善

材料 1 新中国成立时，医疗资源贫乏，主要集中在城市和沿海地区。1949 年 11 月，卫生部设立了专管卫生防疫工作的公共卫生局，统一负责全国传染病、交通检疫、环境、食品、学校与劳动卫生和卫生监督等工作。1952 年，中国爱国卫生运动委员会成立，掀起了以除害灭病为中心的爱国卫生运动，血吸虫病、黑热病、鼠疫、麻风病等得到有效治理。之后，逐步组建了包括卫生防疫、地方病控制、妇幼保健等公共卫生机构体系。20 世纪 60 年代中期，城市形成了市、区两级医院和街道门诊（所）在内的三级医疗服务体系，农村形成了县医院、乡（镇）卫生院、村卫生室三级医疗预防保健网，集预防、医疗、保健于一体。1978 年，全国医疗卫生机构发展到 169732 个，专业医院 9293 个，卫生技术人员 2463931 人，中医院与中医院校广泛建立。

——摘编自李玉荣《中共第一代领导集体与中国卫生事业》

材料 2 《1911 年国民健康保险法》规定工人参保由工人、雇主和政府共同出资，参保工人可免费接受全科医生诊疗。"二战"期间，战时医疗服务体系提供的免费诊疗范围扩展适用于遭空袭的伤员、服务业人员、生产军需产品的工人、特定的慢性疾病患者，最终适用于战时所有行业的工人和其他需接受医院治疗的人。《1946 年国民医疗服务法》强调卫生大臣有责任促进建立全面的医疗服务，据此建立了国民医疗服务体系，形成了大区医院管理委员会负责医疗机构管

理，地方卫生当局负责地方公共卫生服务管理，地方执行委员会负责全科医生服务管理的局面。

——摘编自李鸽《英国国民医疗服务体系行政治理研究》

教师活动：引导学生根据材料1、材料2并结合所学知识，分别概括新中国与英国医疗卫生发展的特点并分析医疗卫生事业发展的意义。

学生活动：

①中国：基础薄弱，发展迅速；防疫、医疗、预防、保健并重；弘扬中医国粹（中西医结合）；充分发挥政府与人民力量；统一管理与地方机构协调配合，形成三级医疗服务体系。

英国：医疗体系完整、功能齐全、管理得当。

②意义：医疗卫生事业的发展，促进了人民健康状况的改善。

教师活动：引导学生根据教材第88页内容，概括中西方人民健康状况改善的表现。

学生活动：列表归纳总结。

中西方人民健康状况改善的表现

西方发达国家	中华人民共和国
西方发达国家的基础医学突飞猛进，自然科学领域的新技术广泛应用到临床中	中华人民共和国的医疗技术发展迅速，在断肢再植技术、人工合成牛胰岛素、人造瓣膜、试管婴儿等领域，都取得了世界领先的成就
许多国家把防疫工作视为医疗卫生事业的重中之重，不少长期困扰人类的疫病得到了有效控制，乃至较彻底的消除	人民健康状况明显改观，中国人口的平均预期寿命从1949年的35岁增加到2019年的77.3岁，达到了世界中等发达国家水平
孕产妇与初生婴儿死亡率大大降低	
世界人口的平均预期寿命从1980年的62.8岁增长到2019年的72.6岁	

（2）医疗卫生事业的发展改变了人们的生活方式

①世界：A. "二战"后，许多国家和地区注重公共卫生的建设，净化饮用水，科学处理垃圾、粪便与污水等许多做法，在城市中推广开来，并影响到乡村；B. 乡村居室、厨房、厕所、禽畜圈舍的卫生条件都有所改观；C. 刷牙、洗手、洗脸、洗澡等行为成为个人卫生习惯。

②中国：A. 中华人民共和国成立以来，党和政府把公共卫生事业当作一件大事，并将保护人民的生命安全和身体健康放在首位；B. 发动群众，开展形式多样的清理环境、预防疾病、保护健康的爱国卫生运动，有鲜明的中国特色，有助于人民群众养成文明卫生的生活方式。

（3）医疗卫生事业的发展强化了全民的卫生意识

①许多国家的公共卫生观念日益深化，传染病的预防、食品药品与公共卫生的监管，以及卫生知识的宣传取得巨大进步。

②讲卫生成为现代公民的基本素质。

③在现代社会，不少国家越来越注重精神卫生，大力普及精神医学知识，提倡对精神障碍早发现、早治疗，促使精神病患者早日康复。

④普通人要重视心理健康，采取有效方式预防精神疾患，以积极乐观的心态面对工作生活，从而实现身心幸福。

课堂小结

现代医疗卫生体系与社会生活 ┤ 现代医疗卫生体系的建立

医疗卫生事业的发展与社会生活

作业拓展

问题：2008 年 5 月 12 日，四川汶川发生特大地震。全国参加地震灾区医疗防疫的人员达 10 万人次，救治伤病员 164 万人次。大救治、大转运、大接治、大防疫规模空前。2019 年底，新冠肺炎疫情在湖北武汉发现。为救治感染患者，大量人力物力火速投入到医院的改造和建设中。武汉的火神山医院，从方案设计到交付使用仅用了 10 天，雷神山医院仅用了 12 天。由武汉会展中心、体育场馆等改造的 16 家方舱医院，以先进的设备、充足的床位和完善的功能，前后救治新型冠状病毒感染者 1.2 万人次。这些医院的建设和改造为武汉夺取抗疫胜利提供了重要保障。

思考：结合材料，说明中国的现代医疗卫生体系在防疫抗灾上是如何发挥作用的。

 设计反思与讨论

在教材处理上，因本课涉及的内容非常多，在教学过程中不可能做到面面俱到，因而选取重点、难点加以突破。在教学方法上，采取多种形式，如小组合作探究学习的形式，既凸显了学生的主体地位，又使学生体验了自主探究、合作学习的快乐，活跃了课堂氛围，加深了对知识的理解与掌握。

挖掘课本内容。课本是重要的教学资源，也是学生学习历史的重要资源，还是学生获得历史认识的重要依据。本课教学中，教师根据课程标准的规定，结合该校学生的学习实际，充分用好教科书即学生手中的课本。同时，对教材中的历史纵横、史料阅读等材料加以利用。

历史 选择性必修 3（1—15课）

第一单元　源远流长的中华文化

第1课　中华优秀传统文化的内涵与特点

 **设计思路**

《普通高中历史课程标准（2017年版2020年修订）》要求：了解中华优秀传统文化的内涵；从人类文明发展和世界文化交流的角度，认识中华优秀传统文化的特点和价值，认识中华文化的世界意义。根据课标要求，结合教材的框架，教学过程开展的前提是确定本课的教学立意，概括如下：

中国作为一个拥有悠久历史的文明古国，蕴含的优秀传统文化源远流长、博大精深，包含着极为丰富的内涵，如讲仁爱、重民本、守诚信、崇正义、尚和合、求大同等核心理念；自强不息、敬业乐群、扶危济困、见义勇为、孝老爱亲等中华传统美德；促进社会和谐、鼓励人们向上向善的人文精神等。与此同时，在长期发展过程中，中华文化也有着自身的特点，如本土性、多样性、吸纳性、凝聚性以及连续性等。中华优秀传统文化是中华民族在历史发展中不断积累沉淀下来的精华，具有重要的历史和现实价值。

本课时间跨度大，内容丰富，千头万绪，而且概念较多又抽象，所以，本课的教学设计主要以"中华优秀传统文化"为主题，先从文物、成语、节日和建筑等比较直观的现象感知传统文化，再通过对其发展过程、内涵以及特点的分析，形成相对完整的知识链条，以便于学生理解和掌握本课的内容。

教学目标

1. 了解中华文化的发展历程，理解中华优秀传统文化是中华民族五千多年的智慧结晶。

2. 在唯物史观指导下，认清中华文化根植于中华民族的土壤中，是智慧的结晶。

3. 掌握中华文化在历史发展的进程中形成的自身特质。

4. 掌握中华优秀传统文化对中国的重要意义。

重点难点

1. 重点：中华优秀传统文化内涵、特点和价值。
2. 难点：中华优秀传统文化内涵的理解和应用；优秀传统文化的当代价值。

 教学活动过程

导入 ❯❯❯ --

教师活动：出示两则传说故事。

普罗米修斯，是古希腊神话中泰坦一族的神明之一。当时宙斯禁止人类用火，普罗米修斯看到人类生活的困苦，帮人类从奥林匹斯山盗取了火种，因此触怒宙斯。宙斯为了惩罚人类，将潘多拉的盒子放到人间。再将普罗米修斯锁在高加索山的悬崖上，每天派一只鹰去吃他的肝，又让他的肝每天重新长上，使他日日承受被恶鹰啄食肝脏的痛苦。

《韩非子·五蠹》："有圣人作，钻燧取火，以化腥臊，而民悦之，使王天下，号之曰燧人氏。"燧人氏发明人工取火，结束了远古人类茹毛饮血的历史，开创了华夏文明的新纪元，被尊为燧皇，奉为"火祖"。火的发明使人类有了可以创造的温暖，为远古人类的聚集提供了武器和条件，为人类群居思想的产生提供了根源。火的发明创造了中国家文化的妊娠期。

学生活动：阅读传说故事，思考两则故事所展现的中西方文化的不同特质。

西方火种是神的恩赐，而中国则是祖先钻木取火，展现了人的主动性。

教师活动：由上述故事引申出中国人认为的文化的含义。出示材料。

材料1 观乎天文，以察时变，观乎人文，以化成天下。

——《周易·贲卦·象传》

教师活动：通过解释让学生理解中国人的文化是对自然变化的观察，进而运用到人类社会，顺应规律，形成一套礼仪规范，并通过教育感化来治理天下、规范行为。进一步引导学生思考何为优秀文化。

学生活动：思考回答。

历史传承过程中，符合人类共同价值；发展演变过程中，对当代有正面意义。

【设计意图】导入两则中西方关于火的起源的传说，直观地展现了中国文化的特质，这对于学生来说很具有吸引力。教师进而提出何为文化、何为优秀文化等需要理解的问题。明确这些问题之后，学生很自然进入本课的学习，了解文化发展的历程。

教师活动：出示图片。

材料 2

四羊方尊   龙虎纹尊

教师活动：介绍两件青铜器文物，引导学生思考其所体现的中华文化的特点。

学生活动：观察图片，思考回答。

精益求精，敢为人先；民族特色，布局和谐统一。

教师活动：出示图片。

材料 3

西周天王簋

教师活动：西周天王簋是西周武王时的礼器。簋高 24.2 厘米，口径 21 厘米。簋内有铭文 8 行 78 字，记述了周武王灭商后举行大典，祭告文王，并代替殷王祭祀上帝的事迹。

学生活动：观察图片，根据教师的介绍思考中国文化的特点。

国家一统，中原中心；尊祖敬天。

教师活动：讲述传统节日清明节、端午节和中秋节的典故。

学生活动：思考传统节日中体现的中国文化的特点。

清明节——尊祖敬宗，家族、民族认同

端午节——忧国忧民

中秋节——团圆和睦

教师活动：出示几组成语，引导学生概括成语所反映的中国文化的特点。

①团结友爱、敬老爱幼、负荆请罪、举案齐眉

②立木为信、一诺千金、一言九鼎、曾子杀猪

③苏武牧羊、乌鸦反哺、公而忘私、舍生取义

④凿壁偷光、悬梁刺股、程门立雪

⑤精卫填海、愚公移山、闻鸡起舞、大禹治水

⑥俭可养德、克勤克俭、俭存奢失、细水长流

学生活动： 阅读成语，概括特点。

和、信、义、学、勤、俭。

【设计意图】通过学生熟悉的文物、传统节日和成语等载体，让学生直观地感知中华优秀传统文化的特点，为后面抽象知识的学习打下基础。

导入学习任务一：中国文化的发展历程

教师活动： 引导学生阅读教材，回顾《中外历史纲要》相关知识，完成表格。

学生活动： 阅读教材，完成表格。

中国古代与近代文化发展脉络表

	阶　段	时　间	概　况
古　代	起源	上古	多元一体
	奠基	先秦	春秋战国，百家争鸣
	形成	秦汉	儒家思想成为中华传统文化的正统和主流
	创新发展	魏晋至隋唐	儒佛道交汇融通，文化灿烂
		宋元	理学形成，科技文化繁荣
	衰落	明清之际	批判思想，经世致用
		清康雍乾	君主专制，钳制思想，禁锢文化
近　代	转型	鸦片战争后	向西方学习成为主流
		新文化运动	抨击封建思想，追求科学民主
	复兴	五四运动后	马克思主义逐渐成为主流

（1）起源：原始社会时期

教师活动： 展示图片，引导学生观察图片并概括中国原始社会时期重要文化遗址分布的特点。

学生活动： 阅读《中外历史纲要（上）》第一课地图，思考回答。

教师活动： 中华文明是人类最古老的文明之一。考古发现证明，无论黄河流域、长江流域、珠江流域、辽河流域，北方草原、四川盆地、青藏高原、天山南北，都是孕育中华文明的摇篮。可见，中华文明多元起源。而中原华夏族率先成为核心，并向四周辐射，推动着多元一体中华文化的形成。

（2）奠基：先秦时期

教师活动： 引导学生根据教材"历史纵横"谈谈中国成熟的青铜文明的发展历程及其表现。

学生活动：阅读材料，思考回答。

①历程：夏朝（进入青铜时代）；商朝（铸造水平高）；西周时期（青铜礼器）；战国（逐渐衰落）。

②表现：国家建立，农业和手工业发展，汉字成熟，中国古代社会礼制发展与完善。

教师活动：出示图片材料，引导学生结合所学知识，概述孔子儒家思想的核心内容。

孔子（前551—前479）

材料1　乐者，天地之和也。礼者，天地之序也。和，故百物皆化；序，故群物皆别。

——《礼记·乐记》

学生活动：阅读材料，思考回答。

孔子思想核心是"礼"与"仁"，在治国的方略上，他主张"为政以德"，用道德和礼教来治理国家是最高尚的治国之道。这种治国方略也叫"德治"或"礼治"。

孔子的仁说，体现了人道精神；孔子的礼说，则体现了礼制精神，即现代意义上的秩序和制度。孔子的这种人道主义和秩序精神是中国古代社会政治思想的精华。

教师活动：引导学生联系《中外历史纲要（上）》的知识，填写下列战国时期"百家争鸣"的表格。

"百家争鸣"的主要学派

学　派	代　表	思想主张
儒　家	孔　子	核心："礼"与"仁"。在治国的方略上，他主张"为政以德"，用道德和礼教来治理国家是最高尚的治国之道。这种治国方略也叫"德治"或"礼治"
	孟　子	政治思想（仁政）；人性论（人性本善）；义利观（重义轻利）
	荀　子	天人观（"天行有常""制天命而用之"）；人性论（人性本恶）；政治思想（礼法并用）
道　家	老　子	"道"的自然观；朴素的辩证思想；"无为而治"
	庄　子	哲学思想（齐物）；人生态度（逍遥）；天人观（天与人"不相胜"）
法　家	韩非子	法、术、势相结合，建立一个君主专制的中央集权国家；变法革新
墨　家	墨　子	兼爱；非攻；尚力；节用、节葬；尚贤

学生活动：完成表格。

教师活动：百家争鸣是中国历史上第一次思想解放运动，促进了思想文化的繁荣；共同构成了中华民族传统文化的基本精神。

（3）形成：秦汉时期

教师活动：根据教材和所学知识，引导学生思考汉武帝是如何使儒家思想成为中华传统文化的主流的。

学生活动：阅读教材，思考回答。

采纳董仲舒的一整套新儒学，"春秋大一统""罢黜百家，独尊儒术""君权神授""天人合一""天人感应""三纲五常"的为人处世道德标准。提高学习儒学者的政治和社会地位；规定儒家"五经"为教科书。

（4）创新发展：魏晋至宋元时期

教师活动：引导学生联系《中外历史纲要（上）》的知识和教材"历史纵横"，列举程朱理学和陆王心学的主要内容。

学生活动：阅读教材，思考回答。

①程朱理学：宇宙观——"理"是世界的本原；道德观——"存天理，灭人欲"；方法论——通过"格物致知"的方法把握"理"。

②陆王心学：宇宙观——认为世界的本质和主宰就是人的心理（"心明便是天理"）；思想核心——"致良知"；方法论——"知行合一"，需要实践和省察内心。

（5）衰落：明清时期

教师活动：出示材料，引导学生根据材料概括明清之际的主要思想，结合所学知识分析其思想产生的原因。

材料2　为天下之大害也，君而已矣。君主以天下之利尽归于己，以天下之害尽归于人……其未得之（指君主未得天下）也，荼毒天下之肝脑，离散天下之子女……其既得之也，敲剥天下之骨髓，离散天下之子女，以奉为一人之淫乐。

——黄宗羲《原君》

材料3　以明心见性之空言，代修己治人之实学，股肱惰而万事荒，爪牙亡而四国乱。神州荡覆，宗庙丘墟。

——顾炎武《日知录》

材料4　以天下论者，必循天下之公，天下非夷狄盗逆之所可私，而抑非一姓之私也。一姓之兴亡，私也，而生民之生死，公也。

——王夫之《读通鉴论》

学生活动：阅读材料，思考回答。

明清之际国人的主要思想是，抨击封建专制，倡导经世致用，提倡个性自由。

①政治上：君主专制空前强化，政治腐败，阶级矛盾和民族矛盾尖锐。

②经济上：商品经济发展，资本主义萌芽产生（工商业阶层日益壮大）。

③思想上：明清文化专制、理学仍占统治地位；"西学东渐"——近代科学的传入，开阔了人们的视野。

（6）转型与复兴：近代

教师活动： 引导学生根据所学知识，分组讨论，归纳总结近代中华文化复兴的历程。

学生活动： 分组讨论，思考回答。

向西方学习成为主流；抨击封建思想，追求科学民主；马克思主义逐渐成为主流。

【设计意图】通过图片和材料，梳理中华文化从古代到近代的发展历程，通过分析中华文化源远流长的原因，理解中华优秀传统文化是中华民族五千多年的智慧结晶。突破教学重点，提升历史解释素养。

导入学习任务二：中华优秀传统文化的内涵

教师活动： 引导学生阅读教材，用最凝练的语言概括中华优秀传统文化的内涵。

学生活动： 分组讨论，思考回答。

以人为本，民为邦本。天人合一，道法自然。心怀天下，家国情怀。崇德尚贤，天下为公。自强不息，厚德载物。和而不同，兼容并包。

教师活动： 出示材料，引导学生思考材料1所体现的思想。

材料1

务民之义，敬鬼神而远之，可谓知矣。

——《论语·雍也》

未能事人，焉能事鬼?

——《论语·先进》

仁者，人也。

——《礼记·中庸》

己所不欲，勿施于人。

——《论语·颜渊》

夫仁者，己欲立而立人，己欲达而达人。

——《论语·雍也》

学生活动： 阅读材料，思考回答。

以人为本的思想。

教师活动： 出示材料，引导学生思考材料2所体现的思想。

材料 2

人法地，地法天，天法道，道法自然。

——《道德经》

天行有常，不为尧存，不为桀亡……制天命而用之。

——《荀子·天论》

与天地相似，故不违；知周乎万物，而道济天下，故不过；旁行而不流，乐天知命，故不忧；安土敦乎仁，故能爱；范围天地之化而不过曲成万物而不遗，通乎昼夜之道而知。

——《易传·系辞上》

学生活动： 阅读材料，思考回答。

天人合一思想。

教师活动： 出示材料，引导学生思考材料 3 所体现的思想。

材料 3

天下之本在国，国之本在家，家之本在身。

——《孟子·离娄上》

为天地立心，为生民立命，为往圣继绝学，为万世开太平。

—张载《横渠语录》

先天下之忧而忧，后天下之乐而乐。

——范仲淹《岳阳楼记》

人生自古谁无死，留取丹心照汗青。

——文天祥《过零丁洋》

天下兴亡，匹夫有责。

——顾炎武《日知录》

学生活动： 阅读材料，思考回答。

提倡爱国，追求家国情怀。

教师活动： 出示材料，引导学生思考材料 4 所体现的思想。

材料 4

大道之行也，天下为公，选贤与能，讲信修睦。

——《礼记》

为政以德，譬如北辰，居其所而众星共（拱）之。

——《论语·为政》

为政以德，道之以德，齐之以礼……见贤思齐焉，见不贤而内自省也。

——《论语·为政》

尊贤使能，俊杰在位。

——《孟子·公孙丑上》

故尊圣者王，贵贤者霸，敬贤者存，慢贤者亡，古今一也。

———《荀子·君子》

故古者圣王之为政，列德而尚贤。虽在农与工肆之人，有能则举之。

———《墨子·尚贤》

学生活动：阅读材料，思考回答。

崇德尚贤，推崇天下为公。

教师活动：出示材料，引导学生思考材料5所体现的思想。

材料5

天行健，君子以自强不息；地势坤，君子以厚德载物。

———《周易》

路漫漫其修远兮，吾将上下而求索。

———屈原《离骚》

富贵不能淫，贫贱不能移，威武不能屈。

———《孟子·滕文公下》

学生活动：阅读材料，思考回答。

自强不息，厚德载物。

教师活动：出示材料，引导学生思考材料6所体现的思想。

材料6

和实生物，同则不继。

———《国语·郑语》

和为贵……君子和而不同，小人同而不和。

———《论语·子路》

天时不如地利，地利不如人和。

———《孟子·公孙丑下》

中也者，天下之大本也；和也者，天下之达道也。致中和，天地位焉，万物育焉。

———《礼记·中庸》

学生活动：阅读材料，思考回答。

和而不同。

【设计意图】通过图片和材料，引导学生了解中华优秀传统文化蕴含的深刻思想内涵，理解中华文化的博大精深。突破教学重点，提升历史解释素养，涵养家国情怀。

导入学习任务三：中华优秀传统文化的特点和价值

教师活动：出示材料，合作探究，引导学生结合教材归纳概括中华优秀传统文化的特点。

材料1　近代以来，中国遭遇了前所未有的重创，中国人痛定思痛，开始了一场前无古人的文化反思，得出的结论是中国的失败很大程度上要归因于中国文化。近代以来的文化变革运动多以否定中国文化为前提，这对于开放学习，特别是向西方学习是有积极意义的，但是通过长期观察我们便会发现，这种文化变革运动对于中国文化软实力的发挥，也起到了阻碍作用。

——孟宪实《传统文化：中国文化软实力之源》

材料2 1925年夏，国民党理论家戴季陶声称："我们要复兴中国民族，先要复兴中国民族文化的自信力，有了这个自信力，才能够辨别是非，才能认清国家和民族的利害，才能够为世界的改造而尽力。"1934年及其后，国民政府所发动的一些全国性运动，一般也多打着"复兴中华民族"的旗号，如"新生活运动""本位文化建设运动""国民经济建设运动"等。全面抗战爆发后，国民党几乎所有的军政要员，都出版过以"民族复兴"为题的为数众多的宣传著作，涉及抗战建国的政治、经济、文化等方方面面，内容丰富不乏见识且充满爱国热情。

——黄兴涛《民国各政党与中华民族复兴论》

学生活动：阅读材料与教材，分组讨论，思考回答。

①本土性：中华文明的起源与发展，根植于本土，形成了独特的品格。

②多样性：中华文化博大精深，丰富多彩，领域广阔。体现了各民族文化的多样性。

③包容性：中华文化博采众长、兼收并蓄，积极吸纳外来文化。

④凝聚性：中华文化体现出中华民族共同的文化特质，有着巨大的凝聚力和向心力。

⑤连续性：中华文化绵延不绝、传承至今，体现出顽强的生命力。

教师活动：引导学生举例论证中华文化的特点。

学生活动：回顾知识与常识，思考回答。

①本土性：传统工艺、本土建筑等。

②多样性：不同民族，丰富多彩。

③包容性：佛教传播、民族交融等。

④凝聚性：炎黄子孙，龙的传人。

⑤连续性：汉字演变、文化传承。

教师活动：出示材料，引导学生结合教材归纳概括中华优秀传统文化的历史和当代价值。

材料3 赵志裕、杨中芳等学者2000年在香港曾发表过一个关于中庸思维的研究成果。通过研究，他们得出三个因素来研究中国人的思维方式：从目标上，中国人希望达到和谐；从认知和过程来看，中国人看问题从整体去把握；从行为表现上看，中国人处理问题采取折中方法。

——侯玉波《中国人的思维方式》

材料4 中华文明是世界古文明中唯一没有中断、传承至今的伟大文明，中华民族五千年文明历史孕育出中国优秀传统文化，是中华民族最深沉的精神追求。站在新的历史起点，深入挖掘根植于中华民族基因中的优秀文化特质，对其进行创造性转化、创新性发展，更好地同中国当代文化相融通，展示中国优秀传统文化的当代价值，是实现中华民族伟大复兴的必然要求。

——《红旗文摘》（2018年6月21日）

学生活动：阅读材料与教材，思考回答。

①历史价值：潜移默化地影响着中国人的思维方式和行为方式。

②当代价值：维护中国团结统一的政治局面，维系着统一多民族的大家庭，推动着中国社会的发展进步，为治国理政和道德建设提供了有益借鉴。

教师活动：引导学生阅读教材第7页的学习拓展。

学生活动：阅读学习拓展，思考如何区分中华传统文化的精华与糟粕，谈谈对中华传统文化当代价值的认识。

①区分方法：是否符合社会发展需要；

是否有利于人类认识和改造世界；

是否对社会进步和人类发展起到推动作用。

②认识：中华文化为马克思主义中国化提供文化沃土和精神底蕴；

中华文化为社会主义市场经济发展提供价值导向；

中华文化是彰显文化自信的有力支撑；

中华文化为社会主义核心价值观的构建提供了思想源泉；

中华文化为解决人类问题贡献中国智慧，是构建人类命运共同体的重要文化资源。

【设计意图】通过材料分析及回顾本课内容，引导学生认识中华优秀传统文化的特点和价值，认识中华优秀传统文化对中国乃至世界发展的意义。突破教学难点，提升历史解释素养，涵养家国情怀。

课堂小结

文化是一个民族的灵魂。五千年中华文化体现的中华民族的精神追求，已经成为中华民族区别于其他民族的精神标识，其中的核心观念构成了中国人的精神世界，其基本价值已积淀为中华民族的文化基因，在漫长的历史发展中成为中华民族的精神命脉。

放到世界文明史中来看，中华民族创造的源远流长的中华文化具有独特的文化传统、独特的价值体系、独特的民族色彩、独特的历史进程。其长期演化的过程造就了我们的文化认同，赋予了我们生命力和创造力，也决定了我们独特的发展路径。同时，中华文明的文化内涵又包含了超越时空、跨越国度的价值，为人类文明进步和人类共同价值做出了重大贡献。

作业拓展

社会主义核心价值观充分体现了对中华优秀传统文化的传承和升华，弘扬中华优秀传统文化对培育和践行社会主义核心价值观具有重要作用。

——《社会主义核心价值观与中华优秀传统文化》

请结合本课所学知识，论述"中国优秀传统文化为社会主义核心价值观构建提供思想源泉", 要求史论结合, 论从史出。

　　提示: 社会主义核心价值观的个人、社会、国家三个维度与中国传统文化倡导的"修身、齐家、治国、平天下"相一致。传统儒家强调"民惟邦本""民贵君轻"的民本思想, 提倡"大道之行也, 天下为公", 主张"天人合一", 注重人与人、人与自然统一的和谐思想。孔子讲"仁者, 爱人"已经由血缘关系延展到"四海之内皆兄弟""天下大同"的社会理想中去, "老吾老以及人之老, 幼吾幼以及人之幼"等观念都体现在社会维度中, 为构建自由、平等、公正、法治的社会提供价值支撑。不管从国家、社会、个人哪个层面出发, 践行社会主义核心价值观的立足点都在个人道德的培育, 中国传统文化非常重视对个人道德修养、道德理想的培养, 崇尚修身, 提倡"仁义礼智信", 强调"君子坦荡荡""君子义以为质", 追求"君子"的理想人格, 从而达致内圣外王。

 设计反思与讨论

　　对于历史老师来说, 教授统编版教材是非常大的挑战, 其课容量相当大, 如何取舍以及如何设计都是课前需要重点考虑的问题。本课《中华优秀传统文化的内涵与特征》展现了从西周以来到秦朝统一期间五百多年历史进程, 涉及政治纷争、经济发展、各国变法及思想活跃等内容, 如何让学生在有限的时间去掌握理解这段历史, 理解春秋战国在古代中国的历史地位, 都是需要考虑的问题。因此在设计本课的时候, 大胆舍弃了对知识点的面面俱到, 采取从整体出发, 以历史发展趋势为线索, 展现春秋战国是从"天下共主"的早期国家形态向大一统中央集权国家形态转变的重要时期, 并深入探讨推动这一时期发展的重要因素。通过大历史观念处理本课, 利用史料、地图、表格等多种形式进行历史课程学习, 进而培养学生历史学科素养。对于本课教学教师依然有对知识灌输的惯性、对学生能力不信任的担忧, 但随着新教材的全面使用, 要不断调整教学理念及方式, 尝试整体历史教学方式。

第 2 课　中华文化的世界意义

 **设计思路**

《普通高中历史课程标准（2017 年版 2020 年修订）》要求：了解中华优秀传统文化的内涵；从人类文明发展和世界文化交流的角度，认识中华优秀传统文化的特点和价值，认识中华文化的世界意义。根据课标要求，结合教材的框架，教学过程开展的前提是分析本课内在的逻辑关系，概括如下：

本课内容时间跨度大、空间分布广，按照"中华文化在交流中发展"和"中华文化在辐射中传播"两个维度，以点带面，厘清中华文化在交流中发展以及中华文化向外传播的逻辑，从而帮助学生明晰中华文化开放包容、兼收并蓄、融会贯通的特质，理解和认识中华文化推动各地区文明之间的交流与互鉴。

 教学目标

1. 了解佛教传入对中华文化的影响，认识中华文化在中外交流中发展升华。
2. 了解西学东渐对中华传统文化的冲击，认识近代中华文化的发展。
3. 了解中华文化对东亚、东南亚国家的影响，认识中华文化的世界意义。
4. 了解以四大发明为代表的中华文化在欧洲的传播，分析其对欧洲社会进步的意义。

 重点难点

1. 重点：认识中华文化对世界的影响。
2. 难点：理解中华文化的世界意义。

教学活动过程

导入 ▶▶▶ ---

教师活动：出示图片。

第十一届孔子学院大会

教师活动：截至2019年12月，全球已有162个国家（地区）设立了541所孔子学院和1170个孔子课堂。孔子学院对于发扬和传播中华优秀传统文化起到了积极的作用，它适应了世界各国（地区）人民对汉语学习的需要，增进了世界各国（地区）人民对中国语言文化的了解，同时它也加强了中国与世界各国教育文化交流合作，发展了中国与外国的友好关系，它的出现促进了世界多元文化发展。回首古代，中华优秀传统文化在发展过程中有没有吸收外来文化？中华优秀传统文化对于世界历史的发展有怎样的影响？让我们一起从今天这节课中去寻找答案。

【设计意图】通过时事导入，调动学生的学习兴趣，提出问题，引发学生思考，从而顺利过渡到本课教学内容。

导入学习任务一：中华文化在交流中发展

（1）佛教传入中国

教师活动：出示材料，引导学生根据材料分析佛教传入中国的方式以及传教者与朝圣者在佛教传入中国的过程中所发挥的作用。

材料1　朝圣者和传教者通过一条漫长而狭窄的交流通道把有关佛陀的信息从印度传播到中国甚至更远的地方，这就是丝绸之路。中国有记载的第一位传教僧侣出现在约公元65年。第一座佛教寺院则坐落在洛阳。几个世纪以后，中国国内许多地区以及丝绸之路沿线都修建了众多的佛教寺院。一些走过这些路线的朝圣者，尤其是公元5世纪初年的法显，公元7世纪初年的玄奘，把佛教经文和重要的一手资料从印度以及丝绸之路沿线地区带回了中国。

——摘编自斯波德克《全球通史》

学生活动：阅读材料并结合所学知识，思考回答。

传入方式：通过丝绸之路。作用：将印度佛教经文带回中国，促进佛教在中国的传播和发展。

教师活动：中华文化在漫长发展过程中，吸收了不少来源于异国他乡的文化。我们拿佛教的传入举例。两汉之际，来自古印度的佛教传入中国。东汉初年，汉明帝派使臣前往西域求佛法，请来了两位高僧，还用白马驮来佛经。汉明帝让两位高僧在洛阳传教，在他们居住的地方修建了佛寺，这就是洛阳的白马寺。

唐代杜牧所写的《江南春绝句》，诗中"南朝四百八十寺，多少楼台烟雨中"鲜明体现出南京城内寺庙之多，其中绝大多数都是南朝兴建的。由此反映出魏晋南北朝时期，佛教日趋兴盛。在这一时期，佛教还逐渐同儒家文化和道家文化相融合。

隋唐时期，佛教出现不同宗派，禅宗成为主流，佛教完成本土化。到宋明时期，以儒家学说为核心兼容佛教和道教理论的宋明理学形成，佛教融合为中国文化的一部分。出示材料，引导学生分析佛教在中国得以传播的原因。

材料2　佛教认为现实的一切都是"苦"的，即"苦海无边"，人生在世有生、老、病、死、怨憎会、爱别离、求不得苦、五阴盛苦等八苦。造成苦难的原因不是统治阶级的压迫和剥削，不是吃人的社会，而是"业"，提出超脱苦难的办法是忍耐、修行，以便达到"涅槃"境界。

佛教还提出了唯心主义的"十二因缘"说和"因果报应""生死轮回"主张。佛教的基本思想是中国封建统治者所乐于接受和利用的。特别是北方少数民族的统治者希望从佛教中找到为自己统治所需要的精神武器，把佛教视为控制民心、稳定社会、拉拢汉族地主阶级的法宝。这就是佛教能够在中国得以传播、生根的一个重要原因。

——叶洵灶《佛教在中国古代得以传播的原因》

学生活动：阅读材料，思考回答。

主观：中国传统儒学思想具有包容性、融合性。

客观：佛教思想本身具有合理之处，容易被统治者接受和利用。

教师活动：出示材料，引导学生根据材料并结合教材，阐述佛教传入后与儒学、道教的思想冲突。

材料3　佛教的一些具体行为极易让中国人将之归结为反道德行为，如辞亲出家、独身无嗣、割绝所有社会关系，从剃发到遗身（自焚）的种种毁身方式。……道教要解决的中心问题是"长生不死"和"得道成仙"，这与佛教以为人生是一大苦海、其解脱之道在于"觉悟"的主张根本上相悖。

——张国刚《中西关系通史》

学生活动：阅读材料，思考回答。

佛教倡导的部分思想和行为与传统儒学相悖；佛教与道教的基本教义存在矛盾之处。

教师活动：佛教起源于印度，后来却在印度衰微，最终销声匿迹。而佛教传入中国后，虽与本土文化有过冲突，但最终被中华文化吸收，得到长足发展，还进一步传播到东亚、东南亚地区，经历了"输入—吸收—又输出"的过程。中华文化既能够吸收融合外来文化，又能够对外输出影响世界，显示了中华文化的博大精深，具有强大生命力。

出示材料，引导学生分析佛教对中华文化产生的积极影响。

材料4

材料5　佛教致力于解决我国固有文化中难以解决的问题——人生归宿问题，从而有可能稀释、消除人们对于死亡的恐惧。

——马怀良《崩溃与重建中的困惑：魏晋风度研究》

材料6　人们借助老庄对佛教进行解释，佛教也是在不断翻译和解释之中，加入了这一思想系统，并使之开始彰显它的系统性，在这个意义上，中国也征服了佛教。

——葛兆光《中国思想史》

学生活动：阅读材料与教材，思考回答。

①佛教文化的传入，对中国人的宗教信仰、哲学观念、逻辑思维、语言词汇、文学艺术、礼仪习俗等方面都产生了深刻影响。

②中国传统的诗词、书法和绘画，很多体现了佛教的内容，同时吸收了佛教的理念，更加注重境界的表达。

③中国建筑艺术受佛教影响。云冈石窟、龙门石窟、敦煌莫高窟等石窟，是中国佛教建筑艺术的结晶，也是中华文化的瑰宝。

教师活动：出示材料，引导学生分析佛教对中华文化产生的积极影响。

材料7　正光已后，天下多虞，王役尤甚，於是所在编民，相与入道，假慕沙门，实避调役，猥滥之极。

——《魏书·释老志》

材料8　竭财以赴僧，破产以趋佛，而不恤亲戚，不怜穷匮……家家弃其亲爱，人人绝其嗣继。致使兵挫于行间，吏空于官府，粟罄于惰游（指僧侣的游手好闲），货殚于土木（指修建寺院）。

——范缜《神灭论》

学生活动：阅读材料与教材，思考回答。

寺院经济不利于国家的赋税徭役，寺庙奢侈，僧侣不检，出世态度有悖于儒家伦理纲常等。总的来说佛教文化宣扬的因果轮回、消极避世等也产生了一定的消极影响。我们需要辩证分析佛教传入对中国的影响。

【设计意图】通过对佛教传入中国路径以及传教者与朝圣者传经的探究，知道佛教在中国的传播是双向互动的过程。佛教通过不断调适与儒学、道教的关系，最终发展成为具有中国特色的本土宗教，对中国文化产生了深远影响。

（2）明末清初的西学东渐

教师活动： 出示材料，引导学生指出利玛窦送给万历皇帝的礼物有何特点。

材料9　利玛窦给万历皇帝带来了礼物。礼单中包括以下物品：1.天主像一幅；2.油画两幅，其中一幅是圣路加教堂圣母像的摹本，另一幅则是圣处女怀抱耶稣的画像；3.镀金边的金丝封面的每日祈祷书一本；4.镶有宝石的十字架一具；5.报时自鸣钟一座；6.三棱镜两块；7.缀以纯银链的三角形玻璃杯两个；8.大西洋琴一张；9.奥泰琉斯《月相》一书。另外，贡品中还包括一套世界地图册——《万国图志》，据说是欧洲著名的地理学家奥特里乌斯1570年出版的《地球大观》。

——卜宪群《中国通史·明清》

学生活动： 阅读材料，思考回答。

与天主教相关的宗教物品；介绍欧洲科技发展水平的器具和书籍。

教师活动： 除利玛窦外，汤若望、南怀仁等耶稣会士先后受到中国政府的重视，主持钦天监工作，推动了中国历法、数学等科技的发展。然而，耶稣会士的努力并没有使天主教完全融入中国传统社会，大多数儒士从未放弃敌意，即使他们受到新奇的科学知识的诱惑。另外，耶稣会士的传教活动乃是罗马教廷有组织的行为，难免引起中国官方的注意和防范，加之来华耶稣会士内部亦有分歧，后来罗马教廷改变了来华传教的策略，由此引出的礼仪之争直接导致中国传教区的毁灭。天主教最终没像佛教那样汇入中华文化的大潮之中。

出示材料，引导学生分析耶稣会士来华传教活动的影响。

材料10　以利玛窦为代表的耶稣会士的传教活动，以及随之而来的西方科学文化的传播，向长期封闭的中华帝国吹进了一股清新空气，让人们接触到了前所未闻的新思想、新事物，一些敏感的先进的知识人把耶稣会士看作自己的朋友和老师，如饥似渴地向他们学习，从他们那里汲取新的精神营养，从而改变了世界观和价值观。这种变化对于中国社会的影响，无论如何评价都不嫌过分。

——樊树志《晚明大变局》

学生活动： 阅读材料，思考回答。

给中国带来新思想、新事物；一定程度上改变了中国人的世界观和价值观。

【设计意图】选取耶稣会士来华传教的相关史料，展现中西文化的交流与碰撞，以史料论证了"西学东渐"对中国的影响，培养历史思维能力，涵养史料实证素养。

（3）近代西学进一步传入，中华传统文化受到前所未有的冲击

教师活动： 出示材料并讲述。

材料11　是书何以作？曰：为以夷攻夷而作，为以夷款夷而作，为师夷长技以制夷而作。

——魏源《海国图志》

教师活动： 19世纪中叶，鸦片战争打开了中国的大门，西学进一步传入，中华传统文化受到前所未有的冲击。一些较为开明的官员，如林则徐和魏源等主张学习西方，林则徐是开眼看世界第一人，他在广州收缴鸦片时开办译馆，罗致译员，收集有关西洋各国的消息情报和国际知识，

汇译成《四洲志》等书稿。魏源在《四洲志》基础上编成的《海国图志》一书，是近代中国最早介绍外国历史地理的书籍之一，被誉为了解外国知识的"百科全书"。魏源在书中提出"师夷长技以制夷"的思想。

出示材料，引导学生思考近代中国文化发展的历程。

材料12 整个中国近代史，就其在文化上的表现来说，确实可以大别之为这样三个时期：一、从鸦片战争，中经1861年开始的洋务自强运动，至1895年甲午战争失败，是"经世致用"观念复活，富国强兵呼声高昂，从器物上承认不如西洋文明，而觉得有必要于此舍己从人时期；二、从甲午战争失败，中经戊戌变法运动，至1911年共和革命成功，是怀疑一切成法，发挥创造精神，从制度上承认不如西洋文明，而勇于革除勇于建立的时期；三、从辛亥革命，中经粉碎帝制复辟，至1919年五四新文化运动，是新旧思想最后较量，东西文明全面比较，而从文化根本上认真进行反思的时期。

——庞朴《文化结构与近代中国》

学生活动：阅读材料，思考回答。

从学造器物到仿行制度到从根本上反思传统文化。

教师活动：出示图片并总结梳理。

近代中国思想解放运动

层 次	派别和代表人物	思想主张	实践活动
器 物	地主阶级	师夷长技以制夷	编译书籍 仿制西方战舰
	地主阶级	中体西用 师夷长技以自强	洋务运动
制 度	资产阶级维新派	和平改良，君主立宪	戊戌变法
	资产阶级革命派	暴力革命，民主共和	辛亥革命
思 想	资产阶级激进派	民主与科学	新文化运动
	无产阶级	马克思主义	新民主主义革命

【设计意图】通过图片和材料，引导学生了解佛教传入对中华文化的影响，以及西学东渐对中华文化的冲击，认识中华文化在中外交流中发展升华。突破教学重点，提升历史解释素养，涵养家国情怀。

导入学习任务二：中华文化在辐射中传播

（1）中华文化对朝鲜半岛、日本和东南亚的影响

教师活动：出示材料，引导学生根据材料与教材归纳中华文化对朝鲜半岛、日本和东南亚影响的具体表现。

材料1 自古以来，韩国就在中国文化的绝对影响之下，这种影响波及日本，形成了以中国

为中心的东亚文化圈。这一文化圈最大特征是汉字的使用；儒教和佛教普及是共同点。这种表征一直延续到今天。一提中国，韩国人就会联想到孔孟之国，联想到李（白）、杜（甫）、韩（愈）、白（居易）之邦，它延绵着那种静思及风雅的东方精神的源泉。这是一种和西方文化截然不同的文化传统。比《苏格拉底的申辩》《论语》更显亲切；比起西方的某些文学作品来，《三国志》更投合韩国人的兴趣……

——1992 年韩国政府《同中国文化再相逢》

学生活动：阅读材料与教材，思考回答。

①汉字：公元前 4 世纪—公元 3 世纪，汉字已传入朝鲜半岛、日本列岛和东南亚地区。后来，各国在汉字的基础上创造了本国文字，如朝鲜的谚文、日本的假名、越南的喃字，推动了当地的文化交流和发展。

②儒学：3—5 世纪，儒学在东亚和东南亚等地区流行。隋唐以后，朝鲜、日本等国的各级学校把儒学经典作为教科书，儒学成为官学。

③佛教：大约在 4 世纪以后，佛教经中国传入朝鲜、日本等国，各国佛教得到发展。

教师活动：出示材料，引导学生根据材料与教材概括唐朝对古代朝鲜、日本和越南社会制度的影响。

材料 2　10 世纪初，新罗人王建建立高丽王朝。高丽王朝效仿唐朝制度，在中央设三省六部，将地方划为十道，推行土地国有，引入科举考试选拔官员，中国的儒家经典和辞章之学广为传播。

——《中外历史纲要（下）》

材料 3　7 世纪初，（日本）圣德太子仿效中国制度，以儒学思想为指导，推行了"推古朝改革"……唐帝国建立后，公元 630 年，日本派出第一批遣唐使，在此后 200 多年中，日本共任命遣唐使 18 次。在返日的留唐学生的策动下，日本发生大化革新……日本各级学校以儒家经典为教科书……新罗统一朝鲜后，更以唐制为立国规范……在学制上，新罗仿唐置国学，设儒学科和技术科。

——摘编自冯天瑜等《中华文化史》

材料 4　公元 1010 年，越南建立李朝，定国号为"大越"，并模仿中国制度设置从中央到地方的官吏。

——《中外历史纲要（下）》

学生活动：阅读材料，思考回答。

古代朝鲜、日本和越南的社会制度大多来自唐朝。朝鲜的政治制度基本模仿中国，在中央设置三省六部，引入科举考试选拔官员。14 世纪末建立的李氏朝鲜，与明朝一直保持着友好关系。7 世纪，日本实行大化革新，所推行的中央集权制、土地制度和赋税制度，都以唐制为蓝本。经过约半个世纪的改革，日本模仿中国建立了中央集权的国家。越南模仿中国制度设置从中央到地方的官吏，在教育体制上主要移植中国的科举制度。

（2）四大发明传播对欧洲的影响

教师活动： 出示四大发明的图片，引导学生梳理四大发明外传的概况。

中国古代四大发明

学生活动： 观察图片，阅读教材，思考回答。

①造纸术：8 世纪以后，中国的造纸术逐渐传入中亚、西亚及欧洲，促进了欧洲教育、政治及商业等活动的发展。

②火药：13 世纪经阿拉伯人传入欧洲，推动了欧洲火药武器的发展，使封建城堡不堪一击，骑士阶层日渐衰落。

③指南针：促进了远洋航行，推动了大航海时代的到来。

④印刷术：继中国发明活字印刷术后，欧洲人造出了自己的活字印刷机，大大推动了文艺复兴运动和宗教改革，促进了思想解放和社会进步。

教师活动： 出示材料，引导学生根据材料与教材概括四大发明外传对欧洲历史进程的影响。

材料 5　火药、指南针、印刷术——这是预告资产阶级社会到来的三大发明。火药把骑士阶层炸得粉碎，指南针打开了世界市场并建立了殖民地，而印刷术则变成新教的工具，总的来说变成科学复兴的手段，变成对精神发展创造必要前提的最强大的杠杆。

——马克思《机器、自然力和科学的应用》

学生活动： 阅读教材与材料，思考回答。

造纸术和印刷术的传入，便利了文化的传播，推动了文艺复兴和宗教改革，促进了思想解放；火药传入欧洲，推动了欧洲火药武器的发展，封建武士阶层日益衰落；指南针的使用，为开辟新航路、进行殖民扩张提供了条件。

（3）16—18 世纪中华文化在欧洲得到传播

教师活动： 出示材料,引导学生根据材料与教材归纳中华文化16—18世纪在欧洲传播的表现。

材料 6　1687 年比利时耶稣会士柏应理在巴黎印行了《中国哲学家孔子》，书中附有《大学》

《中庸》《论语》的拉丁译文。作为首次向欧洲介绍儒家思想的重要文献，译本一出版就引起了强烈反响。1691年英文译本出版，书名叫《孔子的道德》……孟德斯鸠等著名启蒙运动思想家都仔细研读过此书。当时整个欧洲到处可以听到颂扬中国的声音。

——梁真惠《中国儒家学说的译介对欧洲启蒙运动的影响》

学生活动：阅读教材与材料，思考回答。

①孔子的思想以及儒家经典传入欧洲，中国的史学、地理学以及科技、文学等成就也相继传入，引起欧洲社会上层和知识界的热烈反响。

②中国的茶、丝绸、瓷器在欧洲社会深受喜爱，中国式园林和建筑成为风尚。

教师活动：引导学生思考中华文化对人类发展的影响还有哪些表现？

学生活动：思考回答。

①宋代以来的理学对德国的哲学革命产生重要影响。中国古代的科举制度，其"学而优则仕"的公平性、开放性和流动性为欧洲和19世纪美洲的考试制度和文官制度提供了借鉴。

②中国文化的连续性、独特性丰富了世界文明的内涵，为世界文化的丰富做出了重要贡献。例如第一次世界大战沉重地打击了"西方中心论"，战后欧洲文明和欧洲文化的深刻危机，动摇了欧洲根深蒂固的优越感，随着"西方没落"疑虑的出现，西方学者把眼光投向了遥远的东方，中国的儒家学说被高度赞扬，老庄哲学也一度风行，人们希望用中国文化来发展人际关系，实现世界的和平与安宁。

【设计意图】通过图片和材料，引导学生了解中华文化在东亚、东南亚、欧洲的传播，并分析影响，进而理解中华文化的世界意义。突破教学重、难点，提升历史解释素养，涵养家国情怀。

课堂小结

中华民族经几千年而独创的传统文化，具有很强的自新能力，能不断与民族精神与时代精神相调节，对内适应千百年来的时代变迁，对外表现出强大的吸纳能力与融通能力。在当今世界发展的进程中，我们应向世界展现中华文化的魅力，把中华文化中跨越时空、超越国度、富有永恒魅力、具有当代价值的文化精神传播到世界上的每个角落，讲好中国故事，为世界发展提供中国智慧。

作业拓展

西人称世界文明之祖国有五！曰中华，曰印度，曰安息，曰埃及，曰墨西哥。然彼四地者其国亡，其文明与之俱亡……而我中华者，屹然独立，继继绳绳，增长光大，以迄今日。

——梁启超《论中国学术思想变迁之大势》

（注：梁自述本著"欲草一中国通史以助爱国思想之发达"）

年祀之久远，相承勿替也。世界开化最早之国，曰巴比伦，曰埃及，曰印度，曰中国。比而观之，中国独寿。

——柳诒徵《中国文化史》

思考：梁、柳二者对中国文化持怎样的相同观点？相对于柳，梁对中国文化的情感更复杂一些，请结合所学知识，分析二者创作时代的不同之处。

 设计反思与讨论

通过对本单元第一课《中华优秀传统文化的内涵与特点》的学习，大部分学生对于中华文化的内涵及特点已经有了深入的认识和了解。但是，学生对世界文化的交流融合、中华文化的辐射和传播知之甚少，更谈不上形成一个完整的时空体系。再加上本课所涉史事多，时间跨度大，空间范围广，对大部分学生而言是一个巨大的挑战。本课教学，在素材选择的丰富性上还要加强，史料和少量的图片还是难以直观地引导学生思考并深入理解中华文明对促进人类文明进步的重要意义。

第二单元　丰富多样的世界文化

第 3 课　古代西亚、非洲的文化

《普通高中历史课程标准（2017 年版 2020 年修订）》要求：通过了解世界各主要区域文化，理解世界文化的多样性；认识世界各国、各地区、各民族对人类文化发展所做出的贡献。

根据课标要求及教材编排，教学过程围绕下列内容展开。

本课主要包括了古代西亚文化、古代埃及文化、阿拉伯文化三个子目的内容。三个子目按照地域和时序排列，古代西亚文化和古代埃及文化是人类文化史上较早的两个文化，文字、文学、艺术等文化成果都非常具有开创性；阿拉伯文化继承了古代西亚文化和古代埃及文化的遗产，并将它们发扬光大，成为中古时期东西方文化融合与发展的典范。

本课为第二单元《丰富多样的世界文化》的第 1 课，施教对象为高二学生，其有一定的历史学习基础。基于此在教学设计中更加注重知识的结构化以及各种类型的史料的处理和解读。在设计时既注重对知识结构的搭建，又关注方法的指导与素养的培育。

教学目标

1. 运用历史地图、朝代更迭表概述西亚、非洲文明的时空分布情况，了解西亚、非洲地区是世界上最早进入文明的地区，让学生知道不同历史现象背后有不同的时空条件，培育时空观念和家国情怀素养。

2. 能够概括两河文明、埃及文明和阿拉伯文明的特点，并能够从地理环境、政治、宗教等多角度分析这些文明特殊性形成的原因；通过对西亚、非洲文化演变的梳理，理解古代西亚文化和古代埃及文化的开创性和阿拉伯文化承前启后、东传西达的作用，强化唯物史观、提升历史解释能力。

3. 能够运用有关史料，分析《吉尔伽美什》史诗、《汉谟拉比法典》、埃及神庙建筑等历史资料所反映的人生观和文明特质，提升史料实证能力和历史解释能力。

4.通过对西亚、非洲文明多样性的学习，增进对世界文化多元传统的了解，认识到世界各国、各地区、各民族的人民共同推动了人类文化的发展，涵养家国情怀。

 重点难点

1.重点：了解古代西亚、埃及、阿拉伯的文化，理解世界文化的多样性。

2.难点：认识古代西亚、埃及、阿拉伯的文化的特点及其对人类文化的贡献，理解阿拉伯帝国是东西方文化交流的桥梁。

 教学活动过程

 导入 ▶▶▶

播放周杰伦的歌曲《爱在西元前》，投影展示歌词。

教师活动：展示并引导学生阅读歌词相关内容，找出与西亚及其文化密切相关的词语，请同学谈谈对其中部分词语的理解。

【设计意图】通过音乐等影音素材，让学生直观感受本课标题所涉及的相关内容，引发兴趣，切入主题。

导入学习任务一：文明的发源地——古代西亚文化

（1）古代西亚文化的成就

古代西亚地区文化成果表

文化类型	代表成就
文　字	楔形文字
文　学	《吉尔伽美什》
建筑、艺术	王宫雕刻人首飞牛、泥偶雕像、壁画、版画
法　律	《汉谟拉比法典》
宗　教	信奉神灵，宣扬君权神授
科　技	60进制

教师活动：出示上面古代西亚地区文化成果表，引导学生结合课本内容，自主梳理古代西亚地区的文化成就。

学生活动：阅读教材，自主梳理，完成相关表格。

教师活动：展示《中外历史纲要（下）》第3页"古代主要文明示意图"及材料1，引导学生思考地理环境对古代西亚文明形成的重要影响。

材料1 两河流域是指西亚幼发拉底河和底格里斯河流经的区域，古希腊人称为"美索不达米亚"，大体相当于今日伊拉克的范围，是古代西亚早期文明的中心……两河流域南北两部分自然条件差别很大，北部多山，降水比较充沛，南部则是肥沃的冲积平原，虽气候干旱，但每年的泛滥可使土地得到灌溉，为农耕提供了便利条件。迄今所知，人类最早的文明就出现在苏美尔地区。

——王斯德《大学世界史》

学生活动：读图及相关史料，理解地理环境对文明形成的重要影响。

（2）古代西亚文化成就探究

材料2 苏美尔人是两河流域古文明的奠基者。他们是在公元前4500年左右才定居于美索不达米亚的南部……苏美尔人用削尖了的芦管作笔，把这种文字刻在泥砖的坯块上，在日光下或火炉上焙干，能保存得很久，因为这种文字是刻在泥板上的，落笔处比较粗重，收笔处比较纤细，呈尖劈形，所以被称为楔形文字。

——郭圣铭《世界文明史纲要》

教师活动：展示材料2及教材图片《楔形文字的变化》《用楔形文字书写的信件》，引导学生探究楔形文字在书写方式、书写材料和书写工具方面的特点，结合教材《历史 选择性必修2·经济与社会生活》第57页思考这种书写材料被采用的原因。

学生活动：阅读思考，探究得出：两河流域木材稀少，但却有得天独厚的两河冲积平原的泥土。

教师活动：在学生探究基础上，进行引导总结——越是文明发展的初期，受自然条件的制约就越大。

材料3 吉尔伽美什为朋友的死十分悲痛，决心去寻找长生不死之方。他历经千难万险，得到永生的仙草。但在归途中，仙草却被蛇偷吃，结果无功而返。这首史诗生动地反映了人们探索生死奥秘这一自然规律的愿望，也表现了人们反抗神意但最终难免失败的悲剧色彩。

——吴于廑、齐世荣《世界史·古代史编》

材料4 对每年洪水泛滥的恐惧，加之永远存在的外族入侵的威胁，使苏美尔人深深感到，仿佛自己正无依无靠地面对着许多无法控制的力量。

——斯塔夫里阿诺斯《全球通史：从史前史到21世纪》

教师活动：展示材料3、材料4，引导学生结合教材分析史诗所反映的古代两河流域居民对待生活和生命的态度。

学生活动：阅读分析，得出结论——重视今世，追求永生，恐惧死亡。

材料5

第十九条 倘藏匿此奴于其家而后来奴隶被破获，则此自由民应处死。

第二十一条 自由民侵犯他人之居者，应在此侵犯处处死并掩埋之。

第二十二条 自由民犯强盗罪而被捕者，应处死。

第一九六条 倘自由民损毁任何自由民之眼，则应毁其眼。

第二〇三条 倘自由民之子打与之同等的自由民之子，则应该赔偿。

第二〇五条 倘自由民之奴隶打自由民之子之颊，则应割其耳。

——《汉谟拉比法典》

材料6 《汉谟拉比法典》是维护奴隶制的。它规定奴隶是奴隶主的私有财产，可以任意买卖或转让。奴隶身上都打着烙印，以标明他们是属于谁的财产。奴隶没有人身自由，盗卖奴隶或窝藏逃奴的人都须处以死刑。汉谟拉比曾冠冕堂皇地说他之所以制定法典，旨在"树立公平正义于国中"，使臣民"不得以强凌弱"，是"保护弱者"的。然而实际上，他这部法典却带着森严的阶级性。

——郭圣铭《世界文明史纲要》

教师活动：展示材料5、6，引导学生分析《汉谟拉比法典》部分条文所反映出来的特点，并对其进行评价。

学生活动：阅读材料，结合教材，对《汉谟拉比法典》的特点进行分析概括，并通过评价分析进一步得出法典的实质是维护奴隶主阶级的利益。

【设计意图】通过自主梳理，发挥学生学习的主体作用。借助表格和地图，落实时空观念素养培养。通过史料和教材文本阅读，理解地理环境对文明形成的重要影响，渗透唯物史观。设置关于文字、文学、法典等方面成果的问题探究，培养学生史料实证、历史解释的能力。

导入学习任务二：尼罗河的馈赠——古代埃及文化

（1）古代埃及文化成就

古代埃及文化成果表

文化类型	代表成就
文　字	象形文字
文　学	神话、诗歌、哲理故事和散文故事
建筑、艺术	金字塔、神庙
宗　教	敬畏神，宣扬法老是神的化身；重视"死"后
科　技	太阳历、数学、医学

教师活动：出示上面古代埃及文化成果表，引导学生结合课本内容，自主梳理古代埃及地区的文化成就。

学生活动：阅读教材，自主梳理，完成相关表格。

材料1 古代东方早期文明的兴起，绝大多数同大江大河密不可分，一个著名的文明总是伴随着一条著名的河流。黄河造就了中华民族最初的文明，印度河和恒河则孕育了古代印度的灿烂文明，同样，在古代埃及有一条尼罗河，正是这条河流为古代埃及的文明提供了产生、发展和繁荣的舞台。

——赵立行《世界文明史讲稿》

材料2　尼罗河的定期泛滥为河谷带来了大量的沃土，使之成为古代农民的乐园。每年7月，由于吸收了非洲中部丰富的季雨，尼罗河的水位逐渐升高并溢出河床，流向河谷，到9月泛滥达到高潮时，整个河谷都淹没在水中……河水退后，留下一层淤泥，这些从上游冲积下来的淤泥富含磷酸盐和腐殖质，是农作物生长的沃土。由于河水在大多数的时候都定期泛滥，及时带来这种天然化肥，使得古埃及的农业发展有了得天独厚的条件。

——颜海英《守望和谐：古埃及文明探秘》

教师活动：展示古代埃及地图，以及材料1、材料2，引导学生结合《中外历史纲要（下）》第5页所学，了解埃及文明的发展及地理环境对埃及文明的影响。

学生活动：阅读思考，理解埃及文明的产生及地理环境对文明的影响。

（2）古代埃及的建筑艺术及宗教

材料3　埃及人的文化，是围绕着宗教信仰而发展的。埃及人因为迷信死后的永生，所以不惜靡费大量的人力物力给死者建造坟墓，那里面摆着各式各样生前的生活必需品。巍峨宏大的金字塔，便是埃及帝王的陵墓。……埃及人是生活在宗教之中，他们建造了宏大的庙宇来供奉神。

——郭圣铭《世界文明史纲要》

阿布辛拜勒神庙

胡夫金字塔

卡尔纳克神庙

狮身人面像

教师活动：展示材料 3 和神庙及陵墓的代表性图片，引导学生思考探究埃及的建筑艺术与宗教之间的关系。

学生活动：通过小组合作探究古代埃及建筑以陵墓和神庙为代表性建筑的原因，及其背后所折射出的宗教观念。进一步探讨历史遗址对历史研究的价值所在。

（3）古代西亚文化与古代埃及文化对比分析

材料 4　苏美尔人及其后继者的宗教信仰深受自然环境的影响，尤其是受底格里斯河和幼发拉底河每年河水泛滥的影响。北部的大雨加上扎格罗斯山脉和托罗斯山脉上的积雪，常引起特大洪水，毁坏农田。在苏美尔人眼里，他们的洪水之神是一位恶毒的神……美索不达米亚人的人生观带有恐惧和悲观的色彩，这反映了自然环境的不安全。

——斯塔夫里阿诺斯《全球通史：从史前史到 21 世纪》

材料 5　埃及是一个长时间处于同一王朝统治下的统一的大河流域国家。埃及人生活在这块安全的流域地区，可以自由自在地安排自己的命运，不受外界的干涉。而且，尼罗河就像一根天然的纽带，把整个流域地区连接成一个稳定、有效的整体……埃及文明是稳定而保守的。此外它还是一个自信而乐观的文明……虽然美索不达米亚人将他们的洪水之神视为冷酷无情的恶神，但埃及人则把他们的洪水之神看作是"它的到来会给每个人带来欢乐"的喜神。

——斯塔夫里阿诺斯《全球通史：从史前史到 21 世纪》

教师活动：展示材料 4、材料 5，引导学生思考探究古代西亚文化与古代埃及文化的不同特点，并从地理环境、生活生产方式、政治、宗教等多种因素分析其差异性。

学生活动：小组合作，思考分析。

【设计意图】通过自主梳理文化成就，培养自主学习能力。借助表格和地图，落实时空观念素养。通过史料阅读和问题探究，让学生理解地理环境对文明形成的重要影响及宗教对埃及建筑的巨大影响，渗透唯物史观，培养史料实证和历史解释能力。通过遗址对历史研究价值的探讨，提升史学素养。设置问题探究、小组讨论，提升合作探究能力。

导入学习任务三：东西方文化的桥梁——阿拉伯文化

（1）阿拉伯文化成就

阿拉伯地区文化成果表

文化类型	代表成就
文　字	阿拉伯文
文　学	"悬诗"、《天方夜谭》
建筑、艺术	清真寺
宗　教	伊斯兰教
科　技	《积分和方程计算法》《萨比天文历法》《医典》

教师活动：出示上面古代阿拉伯地区文化成果表，引导学生结合课本内容，自主梳理阿拉伯文化成就。并将三种不同文化进行梳理分析，使学生感悟文化的差异性和共通性，进一步了解文化的多样性，认识到世界各国、各地区、各民族人民共同推动了人类文化的发展。

学生活动：阅读教材，自主梳理，完成相关表格。思考探究。

材料1　伊斯兰文明的发源地是世界上最大的半岛之一阿拉伯半岛。从地理上看，这是撒哈拉沙漠的延长，是经过波斯到达戈壁沙漠带上的一部分。半岛地处几个古老文明的中间，非常有利于文化交流和融合。半岛的西边跨过红海和西奈半岛与非洲的大国埃及相邻，北部与巴勒斯坦和叙利亚接近。从半岛的东北方向延伸出去，就是古老的两河流域，跨过东边的海洋，是亚洲的大国印度。

——马克垚《世界文明史》

材料2　阿拉伯帝国领域内的美索不达美亚、波斯、印度、叙利亚和埃及等地，都是古代东西方文化荟萃的地区。帝国政治的相对稳定，交通发达，经济繁荣，为阿拉伯——伊斯兰文化的形成与发展提供了有利环境。而通行全国的阿拉伯语和占统治地位的伊斯兰教意识形态，则为它提供了必要前提……阿拉伯帝国历代统治者都比较关心发展科学文化事业……他们不惜重金延聘人才，尊重和奖掖各界学者。中国的造纸术和罗盘针传入阿拉伯帝国，对阿拉伯——伊斯兰文化的发展与繁荣，起了积极的促进作用。

在帝国统治的热心鼓励和各族人民的积极参与下，全国的好学风气蔚然成风。阿拉伯——伊斯兰文化，硕果累累……向全世界发出绚丽的光彩。

——吴于廑、齐世荣《世界史·古代史编》

教师活动：出示阿拉伯帝国地图，结合地图和材料1、材料2，引导学生思考分析阿拉伯文化繁荣的独特因素及其特点。

学生活动：阅读史料，进行分析。认识到独特的地理位置和特殊的国家政策与经济、思想等多种因素共同促成了阿拉伯文化的繁荣。其文化具有包容性、开放性、先进性、多元性等特点。

（2）阿拉伯文化的重要影响

材料3　阿拉伯帝国在政治上经常分裂，但在文化上却建立了一个非常广阔的阿拉伯文化区。这个文化区，既有古代东方文化的韵味，又有西方文化的气质，阿拉伯文化是东西方文化的综合和创新。埃及、叙利亚、美索不达米亚、波斯、希腊诸地的文化，都是在阿拉伯帝国时代得到了广泛的接触和交流，在保留各自特点的基础上带上了浓厚的伊斯兰教色彩。

——马克垚《世界文明史》

材料4　中世纪的阿拉伯人继承和发展了古代希腊的理性传统，在实验科学、医学、化学、数学、天文等方面取得了领先全球的成就。阿拉伯世界涌来的知识潮流，给欧洲带来了向心灵解放的大跃进，促进了发展自由思想的伟大进步，促进了文艺复兴的到来。

——朱寰《世界上古中古史》

教师活动：出示材料，引导学生结合教材，思考阿拉伯国家对世界文化传播的重要贡献。

　　学生活动：阅读思考。认识到阿拉伯文化融合了东西方文化的文化遗产，阿拉伯帝国成为东西方文化的桥梁。

　　【设计意图】通过梳理文化成就，培养学生自主学习能力；借助表格和地图，落实时空观念素养，提升家国情怀；通过史料阅读和问题探究，培养学生的史料实证和历史解释能力。

课堂小结

　　　古代西亚和北非地区孕育出了两河流域和古代埃及文明，深刻影响了地中海周边地区的发展，在人类文化史上具有开创性意义；阿拉伯人继承了西亚、北非、希腊、罗马文明的传统，创造出自己独特的文化，融合了东西方文化，阿拉伯帝国成为东西方文化交流的桥梁。

作业拓展

　　　古代中国与阿拉伯地区有密切的文化交流。查找资料并结合所学，梳理传入阿拉伯地区乃至欧洲地区的中国文化成果，以及阿拉伯文化传入中国的代表性成果。

 设计反思与讨论

　　教材处理上，本课三子目中有并列和继承关系，通过对各个子目的学习分析，了解不同子目之间的逻辑关系，并将三个子目结合，将西亚文化和非洲文化从上古到中古时期的演变加以概括。

　　教学方法上，改变传统教学习惯，采用学生主导、教师引导的方式，让学生自主阅读，整合史料，并在此基础上进行简单分析；设置探究问题调动学生的学习主动性，培养学生自主学习的能力，使学生既体验到自主探究、合作学习的快乐，又可以加深对课程内容的理解。

　　核心素养培养方面，借助表格和地图，落实时空观念素养培养。通过史料和教材文本阅读，理解地理环境等多种因素对文明形成的重要影响，渗透唯物史观。设置重要文化成果的问题探究，培养学生史料实证、历史解释的能力。

第 4 课　欧洲文化的形成

设计思路

《普通高中历史课程标准（2017 年版 2020 年修订）》要求：通过了解世界各主要区域文化，理解世界文化的多样性；认识世界各国、各地区、各民族对人类文化发展所做出的贡献。

根据课标要求及教材编排，教学过程围绕三部分展开。

本课主要包括"古典希腊文化与罗马文化""中古西欧文化""拜占庭、俄罗斯文化"三个子目的内容。主要涉及下列学习要点：不同时期不同地域的文化成果、产生因素、文化特点及其影响。包含两层逻辑关系：一是古典希腊文化与罗马文化发展为中古西欧的基督教文化和拜占庭、俄罗斯的东正教文化，以及拜占庭文化对俄罗斯文化的影响；二是西欧基督教文化与拜占庭、俄罗斯东正教的文化之间的并列平行关系。

本课为第二单元《丰富多样的世界文化》的第 2 课，施教对象为高二学生，其有一定的历史学习基础。基于此在教学设计中更加注重学生自主梳理基础知识、合作探究各种类型史料的解读。教师在教学时更注重对知识结构的搭建，关注方法的指导与素养的培育。

教学目标

1.运用历史地图、时间轴概述古典希腊、罗马、中古西欧、拜占庭帝国、俄罗斯的时空分布情况，了解古希腊、罗马文化在时空分布上对中古时期欧洲文化的影响，培育时空观念和家国情怀素养。

2.梳理古希腊、罗马、中古西欧、拜占庭帝国、俄罗斯地区不同的文化成果，并能够从地理环境、政治、宗教等多角度分析这些文化形成的原因；通过对古希腊、罗马文化成果、特征、影响的梳理与分析，理解古希腊、古罗马是欧洲文化的源头，强化唯物史观，提升历史解释能力。

3.能够运用相关史料，分析古希腊哲学与神话和《十二铜表法》《圣经》《罗马民法大全》等历史成果所反映的文化特色，加强学生史料实证和历史解释能力培养。

4.通过对古希腊、罗马、欧洲文化多样性的学习，增进对世界文化多元传统的了解，认识到世界各国、各地区、各民族的人民共同推动了人类文化的发展，涵养家国情怀。

重点难点

1.重点：欧洲文化的源头与文化传承发展的脉络。

2.难点：古代希腊、罗马文化与中古时期欧洲文化的联系与区别。

教学活动过程

 导入 ▶▶▶

教师展示拉斐尔创作的壁画《雅典学院》。

教师活动：展示图片，做简单的对应人物介绍，请学生谈谈对图中主要人物及其代表成果的理解。

学生活动：观察讨论。

【设计意图】 通过对艺术作品的观察与讨论，了解作品所反映出的时代文化，引发兴趣，切入主题。

导入学习任务一：古典希腊文化与罗马文化

（1）古典希腊文化

古希腊文化成果表

文化类型	代表成就
哲 学	"三大哲人"
文 学	《荷马史诗》、戏剧
雕 塑	《掷铁饼者》
建 筑	帕特农神庙
史 学	《历史》《伯罗奔尼撒战争史》

教师活动：出示古希腊文化成果表，引导学生结合课本内容，自主梳理古希腊的文化成就。

学生活动：阅读教材，自主梳理，完成相关表格。

材料1 古希腊人在古代埃及和古代西亚长期积累的早期文明成果中，汲取了丰富的营养，结合自己独特的政治、经济环境，发展创造了本民族光辉灿烂的文化成果。希腊社会生产力的进步以及对外商贸的蓬勃发展，为希腊文化的孕育提供了深厚的动力，为希腊文化的传播开拓了广阔的空间。希腊最为独特的城邦政体保证了个人的充分发展，城邦重视个性发展，关心文化建设，这些有利条件使希腊文化成就斐然，被誉为西方文明的源头。

——王斯德《世界通史》

教师活动：展示《中外历史纲要（下）》第3页《古代主要文明示意图》，及古希腊从公元前8世纪城邦产生到476年西罗马帝国灭亡的时间轴。引导学生结合材料1及所学知识，思考希腊古典时代文化高度发展的原因，并结合对根本原因的分析，渗透"社会存在决定社会意识"的唯物史观。

学生活动：读图及相关史料，从政治、经济、社会环境、地理条件等方面探究分析希腊古典时代文化高度发展的原因。

材料2 苏格拉底认为哲学的任务主要在于探讨与人生幸福有关的道德伦理问题，提倡知德合一之说，认为美德基于知识，而两者之获得皆有赖于教育……（柏拉图）认为只有理念或观念才是万物之本原，理念世界是真，物质世界反成虚幻，这显然是一种本末倒置的唯心论……

作为柏拉图的学生，亚里士多德更以学识渊博著称。他不仅青出于蓝而胜于蓝，处处皆有超过老师的成就，还对柏拉图的唯心论谬误进行了批判，"吾爱吾师，但更爱真理"便是他的名言。

——吴于廑、齐世荣《世界史》

材料3 希腊神话的最大特点是神与人"同形同性"。在希腊神话中，众神住在奥林匹斯山上，神具有同人一样的外形，一样的情感，贪图享乐、虚荣嫉妒、彼此争斗，同时也有正直勇敢的品性。……希腊神话不仅有神的故事，还有许多半人半神的英雄传说，内容丰富又富于想象力，对后世文艺作品走向现实主义并使希腊文明具有人本色彩产生了重要影响。

——王斯德《世界通史》

材料4 从公元前6世纪末开始，配合酒神狄奥尼索斯庆典所举行的颂诗活动逐渐发展成为一种表演，成为"Tragodia"，后来"Tragodia"一词之所以有"悲剧"的意义，主要是由于这类戏剧的主题通常比较严肃，关及人的意志和神的旨意的冲突，而人在这种冲突中最终总是逃不脱神所安排的命运。"喜剧"（Comedia）原意为"浪汉之歌"，以诙谐取笑为主，附在悲剧之后演出，以纾解观众的情绪。但其中也有一些寓意深长的对于时事、人物的品评，并不专以胡闹为能事。

——马克垚《世界文明史》

教师活动：展示材料2至材料4，引导学生结合教材文本及提供的材料，探究分析古希腊文化的特征。

学生活动：阅读教材文本及材料，探究分析得出对古希腊文化的认识：提倡人文主义，以理性思维认识和解释世界，文学艺术追求庄重典雅，优美和谐。

（2）古罗马文化

古罗马文化成果表

文化类型	代表成就
法　律	《十二铜表法》
文　学	卢克莱修、西塞罗、维吉尔
史　学	李维《罗马史》、塔西佗《编年史》
建　筑	万神殿、大竞技场
历　法	儒略历

教师活动：出示上面古罗马文化成果表，引导学生结合课本内容，自主梳理古罗马地区的文化成就。

学生活动：阅读教材，自主梳理，完成相关表格。

材料5　共和国制度实质上仍然是贵族专政。平民虽然可以按照财产的多寡，参加不同等级的兵团会议，但在政治、社会、经济方面，地位仍与贵族相差悬远……平民斗争的方式主要是，利用北方高卢人和邻近的埃魁人等外族对罗马发动战争的机会，携带武器离开罗马，这就是所谓"撤离运动"。

《十二铜表法》的公布，则为第三次撤离运动前执政官和元老院用来缓和平民斗争形势的政治措施。公元前451年，他们被迫设置一个编订法典委员会，由贵族和平民各五人组成。相传委员们被派赴希腊考查法制，同年归国，制定法律十表，由民会决议通过，次年又制定两表，作为前十表的补充，这就是著名的十二铜表法。

——陈朝璧《罗马法的历史地位和借鉴作用》

材料6

第五表：凡以遗嘱处分自己的财产……具有法律上的效力。

第六表：缔结（"现金借贷"或"要式买卖"）契约后又否认的，处以双倍于标的的罚金。

第七表：建筑物的周围应用二尺半宽的空地，以便通行。

第八表：利息不得超过一分，超过的，处高利贷者四倍于超过额的罚金。

第九表：任何人非经审判，不得处死刑。

——《十二铜表法》

材料7　无论如何，通过这场斗争终于在公元前451—前450年制定《十二铜表法》，却是平民的一大胜利，也由此开始了罗马人引为骄傲的法律建设的历史。在过去只有习惯法而贵族又垄断司法之时，他们就能轻而易举地曲解法意压迫平民，现在有了成文法，对贵族的专横自是一大限制；但更重要的是，《十二铜表法》的制定所反映的立法为了平民大众和有法必依的精神，为日后罗马法律的发展指明了方向。

——朱龙华《罗马文化》

教师活动：展示材料5至材料7，设置问题探究关于《十二铜表法》的产生背景、内容及评价。

学生活动：阅读思考，小组合作探究。

材料8　罗马人热爱集体，讲求实效，他们富有军事和组织的天才。他们不事幻想，处处显示重具体、务实际的实用主义风格……他们不大热衷于科学和哲学的理论探索，而更注重于自身语言的发展和传播，更倾向于军事、法律、交通、建筑等方面的文化建设。

——杨共乐《罗马文化：古典文明的光辉》

教师活动：展示材料8，结合上述所学，引导学生进行思考，同为古典文化，古罗马与古希腊文化之间存在着怎样的区别，古罗马文化的成就主要在哪些领域，以及古罗马文化的主要特征。

学生活动：阅读分析古罗马文化的主要特征，即强调务实性、实用性、功利性。

材料9　古代的奴隶制社会崩溃了。在这以后，欧洲便进入封建社会时期。希腊—罗马的古典文明并没有随着西罗马帝国的灭亡而灭亡，它流传了下来，成为近代西方文明所赖以发展的基础。在西罗马帝国灭亡后，拉丁文仍在西欧通行了1000多年，并且是意大利文、法文、西班牙文、葡萄牙文、罗马尼亚文等民族语言所赖以发展的基础。古罗马的法律，一直影响着世界各国法律的制定。西欧的文艺复兴，是以"回到古希腊"的口号开始的。而18、19世纪的新古典主义运动，也是以希腊—罗马的古典文明为模式的。

——郭圣铭《世界文明史纲要》

材料10　恩格斯说："没有希腊文化和罗马帝国所奠定的基础，也就没有现代的欧洲。"

——王斯德《世界通史》

教师活动：展示材料9、材料10，引导学生思考古希腊、罗马文化对欧洲文化的影响。

学生活动：阅读材料，结合教材，得出结论：古希腊罗马文化是欧洲文化的源头之一。

【设计意图】通过自主梳理，发挥学生学习的主观能动性。借助表格和地图，落实时空观念素养培养。通过史料和教材文本阅读，理解古代希腊、古罗马文化产生的背景、文化成果及其对欧洲文化的影响。设置关于《十二铜表法》等相关问题的探究，培养学生史料实证、历史解释的能力。

导入学习任务二：中古西欧文化

教师活动：引导学生读《历史学习图册》中图2-50《法兰克王国的发展和"教皇国"》，出示基督教发展历程的时间轴，结合时间轴讲述克洛维皈依、丕平献土、卡诺莎之辱、阿维农之囚等重要历史事件。

学生活动：阅读教材，自主梳理，补充完成时间轴。

材料1　基督教神学是中世纪人们唯一的意识形态，对人们有着很大的影响。哲学、法学、文学、政治学、科学等都是为神学服务的。

——王斯德《世界通史》

材料2　根据罗马帝国的传统，宗教信仰服务于国家政治统治的目的，教会主要负责精神领域的事务，并隶属于皇帝。……但是在蛮族入侵的浪潮中，西罗马的政治体制分崩离析，而基督教会却并未受到太大的冲击，教会体制比较完整地保存下来。教会凭借完整的组织系统和精神权威，逐渐介入原本属于政府的世俗事务，教会的世俗性逐渐增强。……教会的这种世俗性，一方面与其精神权威的地位相冲突，另一方面，也成为世俗君主干预处理教会事务的当然借口。

——王斯德《大学世界史》

教师活动：展示材料1、材料2，设置探究问题：基督教信仰为何能成为西欧地区普遍的文化符号？

学生活动：结合《中外历史纲要（下）》及《历史 选择性必修1》"中古西欧的封建制度"相关内容进行思考，得出结论：中古时期的西欧是王权与教权并立的二元政治格局，基督教会与世俗王权互相利用，竞争共存。

中古西欧文化成果表

领　　域	代表成就
宗　　教	基督教文化：《圣经》、神学
文学艺术	创作素材很多来自历史传说和神话： 骑士文学《罗兰之歌》、市民文学《列那狐的故事》

材料3　经院哲学试图以理性来证明信仰……这在一定程度上维持了信仰的权威。但同时，它也保存了古代哲人理性思考的传统以及人们对古代著作的研究兴趣，使之不至于在蛮族入侵以及由此引起的文化衰退的浪潮中臻于毁灭。此外，托马斯·阿奎纳的双重真理学说最终为教会所采纳，实际上又将哲学从从属于神学的地位中解脱出来，为日后文艺复兴以及宗教改革时期的自由思想准备了条件。

——王斯德《大学世界史》

教师活动：展示中古西欧文化成果表及材料3，引导学生自主梳理中古西欧文化成果，并结合材料3及教材内容，分析中古西欧文化的特点。

学生活动：自主梳理，阅读思考，得出结论：中古西欧的文化不是单一的宗教文化，它一方面具有浓厚的宗教色彩，另一方面又传承了古希腊、古罗马的人文精神和哲学思维方式，融合西欧地区日耳曼等民族的文化传统。

材料4　对于许多其他人来说，中世纪就是"黑暗时代"，是楔入古罗马和文艺复兴之间的一个巨大错误。由于种种原因，对中世纪的这种不公道的观点持续了整整500年，无论如何，中世纪都不是一个沉睡的、可怕的时代，而是一个充满变化的时代。

——朱迪斯·M.本内特等《欧洲中世纪史》

教师活动：出示材料4，设置探究问题：西欧的中世纪是否是文化的"黑暗时代"，说明理由。

学生活动：小组合作讨论，得出对中古西欧文化的评价。

①消极：中古西欧文化受到教会控制，少有科学成就。

②积极：继承了古代希腊、罗马的哲学、法律和科学知识传统，为后来的文艺复兴、宗教改革和科学革命奠定了必要的基础。

【设计意图】　通过时间轴、表格填充，自主梳理文化成就，培养自主学习能力，并借助地图，落实时空观念素养。通过史料阅读和设置探究问题，培养史料实证和历史解释能力，渗透唯物史观。

导入学习任务三：拜占庭、俄罗斯文化

（1）拜占庭文化

材料 1　东罗马帝国的诸种文化因素，经过长期的冲突和融合，最终形成独具特色的拜占庭文化。4 至 5 世纪在东罗马起重要作用的文化因素主要有三个：一是古典希腊罗马的文化传统（包括希腊化时代的文化传统）；二是新兴的基督教文化因素；三是近东文明古国的文化影响。这三种文化因素交互作用的结果，最终形成了中世纪的拜占庭文化。

——吴于廑、齐世荣《世界史·古代史编》

教师活动：出示《历史学习图册》中图 2-54《拜占庭帝国的兴衰》及材料 1，思考拜占庭帝国的地理位置、代表文化及其文化特点。

学生活动：阅读思考，认识到拜占庭帝国独特的地理位置对其文化的形成产生重要影响：由于地处欧、亚、非三洲交界处，拜占庭帝国继承了古代希腊、罗马文化，融汇了基督教文化和来自西亚北非的东方文化，形成了独具一格的拜占庭文化。具有包容性、开放性，与宗教密切联系，融汇东西方文化、古典文化与中世纪文化等特点。

（2）俄罗斯文化

俄罗斯文化成果表

领　　域	代表成就
文　　学	《伊戈尔远征记》
宗　　教	东正教中心
建　　筑	圆顶多塔风格的教堂建筑

教师活动：引导学生自主梳理俄罗斯文化成果。

学生活动：阅读教材，自主梳理。

材料 2　拜占庭对东斯拉夫人（俄罗斯民族是其一支）来说，就如同罗马对日耳曼人而言一样，是伟大的教育者，是宗教和文明的源泉……在这些方面（文学、艺术、建筑等），俄罗斯人极为出色，发展起自己独特的俄罗斯—拜占庭风格。

——斯塔夫里阿诺斯《全球通史：从史前史到 21 世纪》

材料 3　俄罗斯文化深受拜占庭文化的影响。同时，由于俄罗斯位于欧洲东部边缘，疆域延伸到亚洲内陆，而且在 13—16 世纪受蒙古统治，因此，在俄罗斯文化的构成中，来自本民族的欧洲东部文化和来自蒙古的亚洲文化因素占有更大的比例，俄罗斯文化具有典型的欧亚接合部文明的特征。

——《文化交流与传播教师教学用书》

　　教师活动：出示材料 2、材料 3，引导学生结合教材，思考俄罗斯文化的特点及拜占庭文化与俄罗斯文化的关系。

　　学生活动：阅读思考。认识拜占庭文化对俄罗斯文化的重要影响及两者之间的传承与发展。

　　【设计意图】通过梳理文化成就，培养学生自主学习能力；借助表格和地图，落实时空观念；通过史料阅读和问题探究，培养学生的史料实证和历史解释能力。

课堂小结

　　　　特殊的地理环境、历史发展、经济政治社会等多种因素促成了不同地区别具一格的文化；代表性的文化成果反映出不同地区的文化特色，及其相互之间的联系与差异。多样的历史和文化使人类形成了多样的思维方式和交流方式、多样的信仰和思想体系、多样的文化成果。人类文化的多样性成就了人类生活的丰富性，成就了当今世界文化的多彩和灿烂。

作业拓展

　　　　思考古典希腊文化、罗马文化与中古时期的欧洲文化有哪些联系与区别，可利用时间轴或示意图展示联系，利用表格对比区别。

 设计反思与讨论

　　教材处理上，突出三个子目间的逻辑关系，通过对古典希腊文化与罗马文化的影响来梳理古希腊、罗马文化与欧洲文化的关系；通过地图及时间轴等教学素材，厘清中古时期的西欧文化与东欧文化的不同特色及发展脉络。

　　教学方法上，采用表格梳理的形式，利用多媒体和史料创设情境，并采取合作探究的方式，充分发挥学生的主体作用，加深学生对知识的理解与掌握。

　　核心素养培养方面，本节课采用史料研读的方式培养学生的史料实证、历史解释的能力。在研究不同地区文化产生的原因中，渗透唯物史观，并在学习不同地区文化成果及特点过程中，利用地图与时间轴，强化时空观念的培养落实。通过本课学习，使学生对人类文化的多样性与统一性，形成正确的认识。

第 5 课　南亚、东亚与美洲的文化

设计思路

《普通高中历史课程标准（2017 年版 2020 年修订）》要求：通过了解世界各主要区域文化，理解世界文化的多样性；认识世界各国、各地区、各民族对人类文化发展所做出的贡献。

本课三个子目之间是并列关系。第一子目古代印度文化，通过史料解读，让学生理解文化现象背后的经济发展状况，从而培养他们的唯物史观。第二子目通过了解古代朝鲜和日本文化，让学生感悟中华文化的影响力。第三子目通过梳理美洲印第安文化，让学生感受其独特性的同时，探究美洲文化毁灭的原因。理解文化交流互鉴对文化多样性的意义。

学生虽然对于南亚、东亚和美洲的文化成就没有进行过专题学习，但是在《中外历史纲要》的学习过程中，已经对部分文化成就以及文化成就产生的历史背景有所了解。学生学习的难点在于从纷杂的文化成就中提取出文化的特征，并将文化特征与时代背景相联系，从而认识到世界文化具有多源性和多样性。面对丰富多彩的世界文化我们要敞开胸怀，积极交流互鉴。

教学目标

1. 展示地图，明确南亚、东亚和美洲的地理位置，从时空上把握三种代表性文明的概况。

2. 通过知识梳理，知道古代印度、古代朝鲜和日本以及美洲印第安文化的成就，理解古代中朝、中日之间的文化交往。

3. 通过分析古代南亚、东亚和美洲各具特色的文化，理解并尊重世界各国、各民族的文化传统，提高对文化交流意义的理论分析水平。

4. 运用唯物史观理解不同地区的文化特征，认识到世界文化的多样性，感悟文化交流互鉴的必要性。

重点难点

1. 重点：知道古代印度文化、古代朝鲜与日本文化、美洲印第安文化的成就。

2. 难点：认识古代印度文化、古代朝鲜文化与日本文化、美洲印第安文化的特点，通过了解这些古代文化，理解古代文化的多样性。

教学活动过程

导入 >>>

教师活动：展示材料。

材料1　文明是多彩的，人类文明因多样才有交流互鉴的价值。文明是平等的，人类文明因平等才有交流互鉴的前提。文明是包容的，人类文明因包容才有交流互鉴的动力……

——2014年习近平在联合国教科文组织总部的演讲

【设计意图】通过观察历史图册，初步了解三种代表性文明的分布区域，强化时空观念。以习近平主席在联合国教科文组织总部演讲的精彩片段导入，让学生认识到世界文明是多元的、是平等的，从而顺利过渡到本课教学内容。

导入学习任务一：穿越丛林——初识南亚、东亚与美洲的文化

材料1

印章文字

玛雅文字

玛雅文字

印加结绳

教师活动：上述文字至今还不能被我们人类所解读，可对其仍然在持续研究中，其原因是什么？

学生活动：根据图片并结合教材，思考回答。

文字能丰富人类文化的多样性，是人类文化宝库的重要组成部分，构成了我们今天看到的文化整体。

【设计意图】以文字作为切入点，引发学生深层次的思考，提升学生的思维高度，从宏观角度看待文化的多样性。

导入学习任务二：丛林探秘——深入学习南亚、东亚与美洲的文化

（1）梵天佛地、古老独特——古印度文化
教师活动：引导学生阅读教材，梳理古印度在宗教、文学、艺术、数学、文字领域的代表性成就。
学生活动：阅读教材，梳理回答。

古印度文化成就

领　域	代表成就
宗　教	婆罗门教、佛教、印度教
文　学	"四吠陀"诗歌集和《摩诃婆罗多》《罗摩衍那》
艺　术	佛塔、石柱和石窟是佛教艺术的代表
数　学	发明了包括"0"在内的十个数字符号
文　字	印章文字、梵文、巴利文

教师活动：指导学生根据教材，结合纲要，概述古印度文化的发展历程。
学生活动：阅读教材，结合纲要，整理归纳

古印度文化发展历程

时　代	文化发展历程
哈拉帕文化时期（4000多年前）	印章文字、早期城市
吠陀时代（公元前1500—公元前700）	雅利安人、种姓制度、婆罗门教 "四吠陀"诗歌集
列国时代（公元前6世纪—公元前4世纪）	佛教产生
孔雀帝国（公元前4世纪—公元前2世纪）	佛教兴盛向外传播
笈多帝国（4世纪—6世纪）	印度教兴起，发展为印度主要宗教
德里苏丹国（13世纪）	伊斯兰教成为其统治区域内的国教

材料1　佛教在中亚扎了根，又从中亚移植到中国、朝鲜和日本。由于印度的殖民，佛教和印度教连同它们的艺术和文学一起，传入东南亚和马来群岛(这个群岛现在仍然叫作印度尼西亚)。

——爱德华·伯恩斯《世界文明史》

材料 2

吴哥窟

教师活动：指导学生根据材料并结合教材，概括古代印度文化对周边地区产生的影响。

学生活动：阅读材料和教材，分析概括。

①对东南亚地区（影响最大）：印度的语言、文字、艺术、思想、建筑、宗教以及风俗习惯等在东南亚产生了广泛影响；佛教文化渗入东南亚社会生活的各个方面；南传佛教的经典主要用古代印度的巴利文书写，对东南亚国家的文字发展也产生了重要影响。

②对中国：佛教传入中国，对中国的宗教信仰、哲学、文艺等产生深刻影响。

③对西方：印度的十个数字符号由阿拉伯人传到了西方。

材料 3　他们（雅利安人）贡献了梵语、宗教、各派哲学，创立了种姓制度。尤其值得注意的是，这些贡献，或者通过它们的被采纳，或者由于它们所激起的反抗，培育出了进一步的思想和制度。

——林太《印度通史》

材料 4

《摩诃婆罗多》中的插画

桑奇大塔

教师活动：引导学生根据材料结合所学，分析印度文化的特点。

学生活动：阅读史料，思考回答。

包容性，宗教性，辐射性。

【设计意图】通过时序梳理古印度文化的发展历程，培养学生的时空观念。通过史料和图片，引发学生深入思考，培养学生历史解释和史料实证的能力。

（2）儒风华俗、别有洞天——古东亚文化

教师活动：引导学生阅读教材，探究古代朝鲜和日本文化的成就，完成表格。

学生活动：小组合作，梳理完成。

古代朝鲜和日本的文化成就

	朝 鲜	日 本
汉 字	谚文	假名
制 度	典章制度受中国影响	大化革新，学习唐朝制度
儒 学	隋唐以后儒学成为官学	
佛 教	4世纪后经过中国传入	
本土特色	《三国史记》《高丽史》及乐舞、瞻星台	神道教、武士道、浮世绘、大和绘及《万叶集》《源氏物语》

材料1　文化的贫瘠落后状况，使之（日本）能够几乎无阻碍、无痛苦地汲取中华文明。

——依田熹家《日中两国现代化比较研究》

材料2　我国的汉字、汉文和儒家思想早就传入朝鲜。朝鲜的印刷术、天文学和医学，成就显著。

——孔祥民《世界中古史》

教师活动：引导学生根据材料结合表格，概括指出朝鲜和日本地域文化的特点。

学生活动：阅读材料，思考回答。

在自身民族文化发展的基础上，借鉴吸收中华文化，创造出新的文化。

材料3

各国遣唐使

材料4　……另外，鉴真及其弟子对日本语言文字的发展起了一定的影响。鉴真师徒用汉语讲读经书，使汉语广泛地渗入日本的社会生活，促进了日本汉文学和音韵学的发展。

——袁行霈等《中华文明史》

教师活动：引导学生根据上述材料，指出朝鲜和日本吸收中华文化的主要方式。结合所学知识，举例说明中华文化对朝鲜、日本文化的影响。

学生活动：阅读材料，概括回答。

①方式：派遣唐使、留学生等来中国学习。

②举例：佛教、道教和儒学从中国传入朝鲜，朝鲜的典章制度、文字、学术、文化和风俗习惯受中国影响。日本借用汉字的楷体笔画和草体，分别创制了字母片假名和平假名。

【设计意图】通过表格对书本内容进行重新整合，使学生对朝鲜和日本文化有更高层次的认识，引导学生研读表格和史料，得出古代朝鲜和日本文化的特点以及中华文化对朝鲜、日本文化的影响，既提高了史料实证和历史解释的能力，又增强了民族自豪感，培养了家国情怀。

（3）独立发展、惨遭毁灭——美洲印第安文化

教师活动：引导学生根据教材，梳理美洲印第安人的文化成就，完成表格。

学生活动：小组合作，填写表格。

美洲印第安人的文化成就

领　域	玛雅文化	阿兹特克文化	印加文化
宗　教	崇拜的大多是自然神	太阳神占有特别重要的地位	
	建造了规模宏大的金字塔，在塔顶建起祭祀神灵的神庙，祭司也在塔上观察天象		
历　法	玛雅历	阿兹特克历法	太阳历与太阴历
文　字	创造了独特的文字	图画文字	无文字，结绳记事
其　他	知道零的概念 20进制	锻造铜器，制作陶器、石雕、木雕和金银首饰	修筑驿道，使用麻醉剂，进行人体解剖

材料1

玛雅羽蛇神金字塔

材料2　由于印第安人和古代世界文明的中心相距太远，无法联系——因而，比起亚洲、欧洲大陆较发达的区域来说，他们的生产方式和文化要较为落后一步。

——李春辉《拉丁美洲史稿》

教师活动：引导学生根据材料结合所学，分析古代美洲文明的特点及印第安文化发展迟缓的主要原因。

学生活动：合作探究，分析原因。

①特点：独立发展，文明程度高。

②原因：美洲与其他大洲缺乏交流，几乎一直处于与世隔绝的状态，发展迟缓。

材料3　1524年，西班牙殖民者佩德罗·阿尔瓦拉多率约千名士兵，征服了当地玛雅人部族。1521年，西班牙殖民者埃尔南·科尔特斯用600多名西班牙人、16匹马和14门火炮征服阿兹特克。1532年，西班牙殖民者弗朗西斯科·皮萨罗率领168名战士最终征服了拥有600万人口的印加帝国。

——整理自《全球通史》《枪炮、病菌与钢铁》等

材料4　在白人踏上美洲几个世纪前，危地马拉、墨西哥和安第斯高地的印第安人已经拥有几乎具有一切文明特征的较高的文化。假如不是被征服的话，他们完全可以为发展中南美自己的文化打下一个基础，这一文化可以同任何其他洲的文化相媲美。

——伯恩斯、拉尔夫《世界文明史》

教师活动：指导学生根据材料并结合教材，思考为什么面对殖民者的入侵，美洲印第安人不堪一击；欧洲殖民者的入侵对印第安文化产生了怎样的影响。

学生活动：分析材料，思考回答。

①原因：西方入侵者文明先进如武器先进等；疫病等灾害；自身落后，缺少与外界的沟通和交往，内部之间的交往也有限。

②影响：在欧洲殖民者来到美洲之前，印第安人独立地创造了自己的文化。随着哥伦布发现新大陆，在西班牙和葡萄牙等国家多年的殖民统治下，印第安文化遭到严重摧残，文化被湮没。西欧的各种文化在拉美确立了它的统治地位，并在拉美各个文化领域起着主导作用，同时大量非洲黑人奴隶的输入，使非洲的文化也在拉美广泛传播，形成殖民地时期拉丁美洲文化的混合结构。

【设计意图】通过史料，引出美洲文化独立发展这一特点，培养学生的唯物史观和史料实证能力。以图表形式梳理玛雅文化、阿兹特克文化、印加文化，增强学生的时空观念。

导入学习任务三：林中觅宝——感悟南亚、东亚与美洲的文化

材料1

  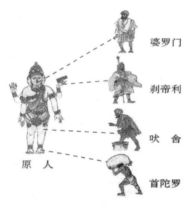

茶道文化　　　　　　　　罗摩衍那　　　　　　　　种姓制度

日本武士道精神　　　　　　美洲活人祭祀　　　　　　印第安石雕

教师活动：引导学生根据图片结合所学，谈谈你如何看待古代印度既诞生了恢宏史诗和影响整个东南亚地区的文化，又存在着强化社会阶层划分的种姓制度；日本既有强调静心安宁的茶道文化，又有盲目忠君的武士道精神；阿兹特克既有美轮美奂的石雕，又有血腥的活人献祭。

学生活动：感悟思考，概括回答。

文化因自然地理条件、历史沿革过程、经济发展水平等诸多因素而会出现各种发展的局限性或者差异性，对于地域文化中的一些负面的争议的部分，我们应该有一个更为全面的认识，将其放在特定的历史时空中，以宏观的视野来理性看待。我们秉持不苛求古人的理念，应看到古代不同文化发展的积极意义，看到不同时间空间条件下这些多元文化的精彩，尊重文化发展的多样性，增强文化的理解和包容。

材料2　人类的历史证明，一个社会群体，其文化的进步往往取决于它是否有机会吸取临近社会群体的经验。一个社会群体所获得的种种发现可以传给其他社会群体；彼此之间的交流愈多样化，相互学习的机会也就愈多。大体上，文化最原始的部落也就是那些长期与世隔绝的部落，因而，他们不能从临近部落所取得的文化成就中获得好处。

——摘编自斯塔夫里阿诺斯《全球通史》

教师活动：引导学生根据材料，联系美洲印第安文化的特点，谈谈对文化交流重要性的认识。

学生活动：阅读材料，分析回答。

文化因交流而进步，比如朝鲜和日本吸收了中华文化，东南亚吸收了古代印度文化。地区或民族内部由于缺乏沟通交流反而会导致自身发展的落后，如美洲印第安文明长期与其他大陆隔绝，缺乏与其他文明之间的交流，结果发展缓慢，社会形态总体落后于其他大洲，导致其文明后来被西方殖民者所毁灭。

【设计意图】通过开放性问题的设计，培养学生理性、辩证地看待文化，理解文化交流互鉴的重要性。这一环节既训练了学生的历史解释能力，也进一步强化了学生的唯物史观。

课堂小结

人类只有肤色语言之别，文明只有姹紫嫣红之别，但绝无高低优劣之分。认为自己的人种和文明高人一等，执意改造甚至取代其他文明，在认识上是愚蠢的，在做法上是灾难性的！如果人类文明变得只有一个色调、一个模式了，那这个世界就太单调了，也太无趣了！

——2019 年习近平主席在亚洲文明对话大会开幕式上的主旨演讲

作业拓展

自 7 世纪起，日本全面学习中国，因而日本的政治、经济、文化等各个方面都打下了唐文化的烙印，故这一时期被称作"唐风时代"。伴随着唐朝的灭亡、日本吸收唐文化也趋于饱和，从 10 世纪起，日本出现了具有本土特色的文化，称为"国风文化"。

问题：古代日本在吸收中国文化方面和朝鲜有何不同？并结合地理因素分析其原因。

学生通过查阅相关资料，以合作探究的形式，对这一问题进行深入思考，从而提高历史思辨的能力。

 设计反思与讨论

本课有一部分知识点在《中外历史纲要（下）》中已有介绍。教学中在落实时空观念、史料实证和历史解释等关键能力的基础上，更要关注唯物史观、家国情怀和国际视野等方面的素养。

在教学方法上，各环节都以问题为导引，在教师讲授和学生自主学习之间穿插了多个不同类型、不同难度的问题，构建起整堂课的问题链，为进一步夯实学生时空观念、史料实证和历史解释能力奠定了基础。

在教学过程中，注重承前启后，充分考虑到本课在本单元和整册教科书中的地位，明确了本课在本册教科书中的承前启后的作用。从文化的"相同与不同"层面展开，延伸到文化发展的多样性和文化交流的必要性。

第三单元　人口迁徙、文化交融与认同

第6课　古代人类的迁徙和区域文化的形成

《普通高中历史课程标准（2017年版2020年修订）》要求：通过了解历史上跨洲、跨国家、跨地区不同规模的人口迁徙，以及移民所面临的机遇与挑战，认识在迁徙与融入当地社会过程中出现的文化认同。

根据新课标要求及教材编排，教学过程围绕两部分展开。

第一部分，印欧人的迁徙及其对早期区域文化的影响：先介绍印欧人的概况，通过史料分析印欧人迁徙的原因，结合书本中的插图，引导学生图文结合，分析印欧人的迁徙路线和迁徙特点，出示史料，引导学生提炼印欧人的迁徙对早期区域文化的影响，并以相关的史实加以论证。第二部分，亚欧游牧民族大迁徙对区域文化发展的影响：引导学生阅读材料，结合所学知识，以表格的形式概括亚欧游牧民族迁徙的史实。并在此基础上，通过引入史料，引导学生归纳亚欧游牧民族的迁徙产生的影响。运用唯物史观，深入探析对古代人类迁徙的认识，落实历史解释素养，培育家国情怀和全球视野。

本课内容强调古代人类的迁徙和区域文化的形成，时间跨度大，涉及范围广，知识整合度高，学生虽然在高一《中外历史纲要（下）》中学过古代文明的扩展、古代世界的帝国和文明的交流，但本课内容所涉及的知识对于他们来说，仍旧属于全新且极具挑战性的知识。高二学生历史学习兴趣相对较浓，探究欲强，思维活跃。在教学中，教师将本课内容与学生的生活情境联系起来，引导学生在研读史料、小组讨论过程中理解主干知识，感悟历史与现实的联系。

教学目标

1.通过展示地图，引导学生认识印欧人迁徙的基本情况，培养学生的时空观念和左图右史的历史学习方法。

2.通过史料解读，引导学生从不同角度分析游牧民族迁徙的原因，认识人类迁徙是在多重因素作用下的结果，培养学生多角度解释历史现象的能力。

3.通过史料解读，引导学生理解游牧民族迁徙对于区域文化产生的影响。

4.感悟人类在迁徙的过程中所带来的不同文化的交流与交融，取长补短，是文化生生不息的活力之源。

重点难点

1.重点：印欧人的迁徙及其对早期区域文化的影响。
2.难点：亚欧游牧民族大迁徙对区域文化发展的影响。

教学活动过程

导入 ❯❯❯

教师展示材料：

亚欧大陆游牧世界和农耕世界的矛盾，爆发为暴力的形式。自古代起，直到公元13、14世纪，我认为，可以总括为游牧部族向农耕世界三次冲击的浪潮。农耕世界虽然在受到冲击时军事上处于劣势，但它在经济和文化上的先进终于显示出优越性，显示出吸收、融化打进来的游牧、半游牧、趋向于农耕的各部族的能力。

——吴于廑《世界历史上的游牧世界与农耕世界》

教师活动： 要求学生根据材料并结合所学知识讨论，游牧部族向农耕世界三次冲击的浪潮具体指的是哪三次？游牧民族的入侵给农耕世界带来了怎样的影响？

【设计意图】通过展示材料、交流讨论，引导学生从整体上看待游牧民族的迁徙过程与影响，引起学生的探究兴趣，让学生带着问题走进具有时空距离感的历史，去探讨更多未知的内容。

导入学习任务一：印欧人的迁徙及其对早期区域文化的影响

（1）印欧人的基本概况

材料1 印欧人与其说是一个种族群体，不如说是一个文化群体。他们早先大概发源于里海地区，曾在那里牧牛，并从事少量的耕作。因为主要靠畜牧为生，所以只要发现有更为理想的地方，他们就用大牛车载起所有行李，朝那里迁移……马的驯养和较迟出现的冶铁技术是两个至关重要的发明，它们使游牧民获得新的作战能力。

——斯塔夫里阿诺斯《全球通史：从史前史到21世纪》

教师活动：引导学生阅读材料 1，并结合书本知识，谈谈对印欧人基本概况的认识。

学生活动：印欧人可能起源于东欧平原；他们是游牧民，驯养了马匹；印欧人在作战时，把马套到车上，制造了马拉战车。

（2）印欧人迁徙的原因

材料 2　在公元前第二个千年中，无论是在中东、印度还是遥远的中国，所有的古代文明纷纷崩溃……首先是内部的虚弱。由于铜和青铜既昂贵又稀少，因而不能广泛地用来制造武器和工具……也使农民们得不到金属工具……这就大大降低了生产率。

在地处大草原西部的印欧各族和地处大草原东部的蒙古—突厥人之间，有一条最早的分界线，这就是阿尔泰山脉和天山山脉。这条分界线以东的大草原，地势较高、较干燥，气候通常也更恶劣……较贫穷的东部地区和较富裕的西部地区在地理上的这种差异，引起了一场持久的、影响深远的、由东向西的民族大迁徙。

欧亚大陆边缘地区那些古老的文明中心对周围的游牧部落来说，有如一块块有着不可抗拒的吸引力的磁铁。丰富的农作物、堆满谷物的粮仓、城市里令人眼花缭乱的各种奢侈品。

马的驯养和较迟出现的冶铁技术是两个至关重要的发明，它们使游牧民获得新的作战能力……古典时代和中世纪时，游牧民的军事才能主要就建立在骑马作战这一基础上。

——斯塔夫里阿诺斯《全球通史：从史前史到 21 世纪》

材料 3　如果他们的本土长年安静无事，那么很多高贵的青年就要自愿去找寻那些正在发生战争的部落。一则因为他们的天性好动而恶静；再则因为他们在危难之中容易博得声誉；三则因为只有在干戈扰攘之中才能维持人数众多的侍从。

——塔西佗《日耳曼尼亚志》

教师活动：阅读材料，引导学生从内因和外因两方面归纳印欧人迁徙的原因。

学生活动：阅读分析。

①内因：马的驯养并应用到了作战上；冶铁技术的掌握提高了游牧民的战斗力；游牧民有着好战的天性以及忧患意识。

②外因：游牧民所处的自然环境与气候恶劣，需要寻找更适宜的居住地；受农耕文明富庶的吸引；农耕地区的动荡与衰落，为游牧民提供了可乘之机。

（3）印欧人的迁徙特点

教师活动：引导学生阅读书本中"印欧人早期迁徙路线示意图"，分析印欧人的迁徙路线与迁徙特点。

学生活动：分析并梳理。

①迁徙路线。

公元前 2000 年左右，进入巴尔干半岛，形成古代的希腊人。

公元前 17 世纪，进入小亚细亚，发展为赫梯人。

公元前6世纪，进入伊朗高原，发展为波斯人；

进入印度河流域，被称为雅利安人。

②迁徙特点。

时间：长期性，延续数百年甚至上千年。

优势：凭借马和马拉战车等武力上的优势。

方向：陆续进入西起欧洲、东到印度的广大地区。

结果：或征服迁入地区的居民，或与被征服者融合，对整个亚欧大陆区域文化的发展产生了重要影响。

（4）印欧人的迁徙对早期区域文化的影响

材料4　到了公元前500年，欧亚范围内大规模的古印欧人各部落的迁徙浪潮终于渐渐平息，而此时的欧亚大平原已经被古印欧人的迁徙完全改变了面貌，从印度河流域直到不列颠岛，古印欧人唤醒了横跨东西上万公里的土地，将那里带入了青铜时代和铁器时代，这些游牧的诗人们在不经意之间，创造了安纳托利亚文明、吠陀文明、古波斯文明、古希腊文明、古意大利文明、古日耳曼文明和凯尔特文明。整个欧亚大陆从此真正意义上走出了蒙昧时代。

——摘编自杰里·本特利、赫伯特·齐格勒《新全球史》

材料5

埃及雕刻中的赫梯战车和士兵

古波斯帝国宫城遗址

材料6　爱琴文明作为希腊文明发展的第一个阶段，本身又可以细化为三个子阶段，第一个子阶段是克里特文明。迈锡尼文明是爱琴文明的第二个子阶段，发源于克里特岛西北方向的希腊本土伯罗奔尼撒地区，由北方的入侵者和东方的迁徙者建立。迈锡尼文明是由真正的希腊人开创的，考古学家推断，这些希腊人可能早在公元前20世纪初期就陆续来到了希腊大陆，及至公元前15世纪，克里特文明毁灭，他们已经在希腊这片土地上定居了好几百年。在此过程中，他们自觉或不自觉地接受了克里特文明的影响。因此，克里特文明毁灭后，这些以迈锡尼为代表的新兴国家，既保留了克里特的一些文化因素，又具有浓郁的北方文化色彩。爱琴文明的第三个子阶段，也是最后一个子阶段是"黑暗时代"。北方的多利亚人入侵，摧毁了迈锡尼文明。尽管如此，"黑暗时代"也预示着一个新时代——希腊城邦文明时代的到来。在历经300多年的"黑暗时代"

之后，希腊文明进入城邦文明时代，这是希腊文明最辉煌的时期。现在人们了解的关于希腊的重要人物、事件和其他文化现象，大多出现在这一时期。

——摘编自赵林《古希腊文明的光芒》

材料7 当他们分割普鲁沙时，其口为婆罗门，由其双臂造成罗惹尼耶（刹帝利），其双腿变成吠舍，从其双脚生出首陀罗。

——崔连仲等《古印度吠陀时代和列国时代史料选辑》

教师活动：引导学生阅读材料，结合所学知识，用史实说明印欧人的迁徙对早期区域文化的影响。

学生活动：

①其一定程度上造成地区的动荡、文化的浩劫。（史实：赫梯人灭掉古巴比伦，多次与埃及发生争霸战争；波斯人多次入侵希腊）

②通过征服和融合，形成新的民族。（史实：赫梯人、波斯人、希腊人和雅利安人）

③整体上推动了新的区域文明的形成与发展，对后世影响深远。（史实：赫梯文明、波斯文明、古希腊文明、古印度文明等）

④促进了不同种族、区域之间文化、商业、技术的传播与交流，推动文化的融合及先进制度的确立与扩大。（史实：波斯首次将西亚和北非文明区域统一起来；雅利安人把马和铁带到印度，其种姓制度和佛教对周边地区产生重大影响）

【设计意图】通过史料分析印欧人的概况和迁徙原因，培养学生的史料实证意识。通过书本地图信息的提取，培养学生的时空观意识。引导学生将印欧人的迁徙对早期区域文化的影响以史论结合的方式呈现，培养学生的历史解释能力。

导入学习任务二：亚欧游牧民族大迁徙对区域文化发展的影响

（1）亚欧游牧民族大迁徙

材料1 3至6世纪是欧亚大陆普遍遭受入侵的时期，这时的入侵不亚于公元前二千纪使用青铜和铁武器的入侵……游牧民的迁移方向一般是自东向西……主要的入侵路线都起自北京附近，沿着横贯欧亚大陆中部的草原走廊，止于中欧匈牙利平原。……由于侵略范围遍及欧亚大陆，所以遭受侵略的民族非常多。中国汉朝、印度笈多王朝和伊朗萨珊王朝都遭到了突厥人和蒙古人的猛袭；突厥人和蒙古人通常又被称为匈奴人。罗马帝国因地处这条入侵线路的西端，除了时常遭受周围蛮族的进攻外，还遭受沿线各民族的进攻。

——摘编自斯塔夫里阿诺斯《全球通史：从史前史到21世纪》

材料2 600年至1000年间的几个世纪中，伊斯兰教的出现，是欧亚历史和世界历史上的一个重要转折点。穆斯林军人的惊人征服，和大约1000年前亚历山大大帝的征服一样，统一了整个中东地区……7、8世纪，伊斯兰教的征服使从比利牛斯山脉到印度，从摩洛哥到中亚的所有地区都统一到伊斯兰教的星月旗下。

——摘编自斯塔夫里阿诺斯《全球通史：从史前史到21世纪》

教师活动：引导学生阅读材料，结合所学知识，以表格的形式概括亚欧游牧民族迁徙的史实。

学生活动：填写表格。

亚欧游牧民族迁徙

时　间	史　实	结　果
公元前2世纪—公元2世纪	匈奴不断扩张	建立贵霜帝国，势力一度到达印度北部
	大月氏人西迁	
	日耳曼人南迁	
3世纪—6世纪	中国匈奴等少数民族内迁并建立政权	形成中国北方的民族大交融
	部分中国北方人民因战乱南迁	促进了江南地区的开发
	日耳曼人进入罗马帝国并建立国家，灭亡了西罗马帝国	欧洲进入中世纪
7世纪开始	阿拉伯人扩张	8世纪中期，阿拉伯人建立起地跨亚、非、欧三洲的帝国

（2）亚欧游牧民族大迁徙的影响

材料3　4世纪中后期，遭到匈奴进攻的西哥特人进入罗马帝国境内，并于410年攻占罗马城。奥罗修斯记载了西哥特人首领阿图尔夫说过的一段话。阿图尔夫这样说道：

最初，我强烈要求消除罗马这一名字，使马的全部土地成为哥特帝国的领土；我希望用哥特的替代罗马的；我阿图尔夫应成为恺撒·奥古斯都。不过，众多的经验告诉我：桀骜不驯的哥特人从不遵守法律，而没有法律的国家将国不成国。因此，我选择了较为安全的道路，希望通过哥特的力量来恢复、增强罗马之荣光。在无法改变帝国形式的情况下，我希望能作为复兴罗马的发起者传诸后世。

——摘译自《反异教徒历史七书》

材料4　游牧世界对农耕世界的冲击，为历史之发展、为世界史带来了不少有积极意义的影响。首先是两者之间扩大了通道，彼此都向对方学得自己所缺少的某些技术。

——吴于廑《世界历史上的游牧世界与农耕世界》

材料5

贵霜帝国时期的钱币

贵霜帝国铸造钱币的传统来自波斯和希腊。图中钱币上的铭文是希腊语，人物是贵霜国王。

———《历史 选择性必修3·文化交流与传播》

教师活动：引导学生阅读材料，结合所学知识，归纳亚欧游牧民族的迁徙产生哪些影响，并用史实来说明。

学生活动：阅读并归纳。

①其改变了亚欧大陆的政治格局，一批新的国家先后崛起。（史实：大月氏西迁建立贵霜帝国，日耳曼人灭掉西罗马帝国，建立起一系列国家）

②各个区域的文化在碰撞、交往和交融中发生了不同程度的变化。（史实：融合东西方文化的阿拉伯文化；中古西欧，融合日耳曼因素、罗马因素和基督教因素所形成的以经院哲学、骑士文学和市民文学为主要内容的文化）

③各民族在吸收其他民族文化的基础上促进了本民族文化的发展。（史实：魏晋南北朝五胡内迁和汉族人南迁，各族之间杂居相处，相互学习，丰富了中华文化，形成了隋唐新文化）

教师活动：正如公元前2世纪的入侵完成了古代文明到古典文明的过渡一样，3至6世纪的入侵结束了古典文明，宣告了中世纪文明的到来。引导学生结合所学，从迁徙的原因、迁徙对文化的影响等方面谈谈对古代人类迁徙的认识。

学生活动：思考并归纳。

①迁徙的原因：受地理环境因素、经济原因、政治压迫与政治局势、统治者对外扩张等因素的影响，人类在不断的迁徙中谋生存，求发展。

②对文化的影响：古代游牧民族的几次大迁徙对亚欧大陆各主要文化区域的形成和转型都产生了重大影响。

③总之，古代人类的迁徙既是多样文化广泛接触、交流与传播的历程，又是不同文化交融的过程。

【设计意图】引导学生阅读材料和书本知识，以表格的形式概括亚欧游牧民族迁徙的史实，形成清晰的历史认识。在此基础上，通过引入史料，引导学生归纳亚欧游牧民族的迁徙产生的影响，并进而指导学生运用唯物史观，深入探析对古代人类迁徙的认识，落实历史解释素养，培育学生的家国情怀和全球视野。

课堂小结

带领学生一起回顾古代历史上的著名的游牧民族入侵事件及游牧民族的入侵对区域文化的形成产生的影响。

作业拓展

　　阅读相关论著，想一想：农耕民族迁徙的主要原因是什么？对移入地的文化产生了哪些重要影响？

　　本题的解题关键是查找相关资料，如中国的史书，尤其是从秦汉到魏晋南北朝时期的资料，以及伯里克利的《希腊史》、哈蒙德的《希腊史》、格兰特的《罗马史》等，了解民族迁徙的具体情况。在查找资料时可关注以下问题：当时农耕世界最重要的生产资料是什么？民族迁徙与当时的生产力发展之间是什么关系？移入地有什么特点？

 设计反思与讨论

　　本课对于师生来说，都是比较陌生的内容，在学习的过程中，教师应指导学生预先阅读课文及相关书籍，如《全球通史》，进行初步的知识架构。在授课的过程中，教师应抓住关键问题，充分运用地图、文字材料等相关信息，引导学生形成清晰的时空线索和准确的历史结论。本课分为印欧人的迁徙及其对早期区域文化的影响和亚欧游牧民族大迁徙对区域文化发展的影响两块内容，重点在于分析印欧人的迁徙及其对早期区域文化的影响。

　　本课教学坚持唯物史观，注重时空观念的培养，以材料研读的方式培养学生的史料实证和历史解释能力，从而培养和提高学生的历史学科核心素养。在实际教学中，可能出现知识跨度过大、学生思维活跃程度不够高等情况，在讲解中应时刻注意调节把握。

第 7 课　近代殖民活动和人口的跨地域转移

 设计思路

《普通高中历史课程标准（2017 年版 2020 年修订）》要求：通过了解历史上跨洲、跨国家、跨地区不同规模的人口迁徙，以及移民所面临的机遇与挑战，认识在迁徙与融入当地社会过程中出现的文化认同。

根据新课标要求及教材编排，教学过程围绕三部分展开。

殖民扩张与美洲族群的变化：依据史料得出美洲族群变化的表现，探讨变化的原因和变化的影响，并进而分析现今美洲国家人口的差异，利用表格对差异进行归纳整理，以此锻炼学生整体把握知识的能力。英国的殖民活动与大洋洲人口结构的改变：归纳书本知识，得出英国在大洋洲的殖民活动历程。引导学生借助史料分析英国的殖民活动对大洋洲人口结构产生的影响，以及人口结构的变动对文化的影响。华工与美洲、大洋洲的开发：通过史料分析华工出国的原因、特点和影响三大问题，培养学生历史解释的能力，最后通过对华工悲惨遭遇的深刻分析提升学生的家国情怀。

本课通过介绍并分析西方殖民者对美洲、大洋洲和亚洲等地的殖民侵略带来的人口转移情况，认识族群的变化和人口结构的改变以及由此带来的文化的冲突、交融与认同。高二学生经过高一《中外历史纲要（下）》、高二《历史 选择性必修 2》的学习，对新航路的开辟和西方国家的殖民扩张有了一定的了解，这方面的内容可以略讲，对于殖民活动与文化认同的关系，由于学生缺乏系统理解，探究的意识也比较浓厚，教师需要在这方面的教学中特别注意把握。

教学目标

1. 借助史料分析近代以来的殖民扩张导致的美洲、大洋洲、非洲和亚洲的人口转移和族群变化，培养学生的史料实证意识。

2. 理解人口迁徙是文化交流与传播的重要途径，通过分析史料辩证认识人口迁徙与文化的冲突、交融和认同，引导学生树立正确的文化观。

3. 引导学生归纳整理近代人口迁徙的表现，提炼近代人口迁徙的原因、方向、方式、规模和影响，运用唯物史观解释殖民扩张与人口迁徙的关系。

重点难点

1. 重点：近代以来的殖民扩张导致的人口转移和族群变化。
2. 难点：人口和族群的变化最终引起了文化的冲突、交融和认同。

 教学活动过程

 导入 ❯❯❯ --

教师展示材料
材料 1

墨西哥城三文化广场

材料 2　墨西哥城三文化广场包含了阿兹特克文化遗址、西班牙殖民者修建的教堂和现代化的建筑。广场的碑文在记述西班牙征服墨西哥的历史时做了这样的评述："这不是任何人的胜利或失败，而是一个混血民族痛苦的诞生。这就是今天的墨西哥。"

——《历史 选择性必修 3·文化交流与传播》

教师活动：墨西哥三文化广场体现了墨西哥文化是外来文化与本土文化融合的产物，作为现代化建筑的外交部大厦设立在三文化广场上，象征着墨西哥面向世界，包容各种文化。广场的碑文说墨西哥是"一个混血民族"。引导学生谈谈对此的理解。

【设计意图】以墨西哥三文化广场导入，学生可以从视觉上直观感受墨西哥历史宽容和文化融合的精神。通过对墨西哥何以成为"一个混血民族"的思考，直接步入本课主题之一"殖民扩张与美洲族群的变化"的学习。

导入学习任务一：殖民扩张与美洲族群的变化

（1）美洲族群变化的表现

材料1 来自欧洲和非洲的大规模迁移把南北美洲从纯粹是蒙古种人的大陆改变成世界上种族成分最混杂的地区。黑人的迁移持续到19世纪中叶，使奴隶的总数达到1000万左右，而欧洲移民的人数也一直在稳步增长……最终的结果是，如今，居住在美洲大陆的是多数的白种人与明显少数的黑人、印第安人、印第安人与白人的混血儿以及黑白混血儿。

——斯塔夫里阿诺斯《全球通史：1500年以后的世界》

材料2 1700—1860年美国人口种族构成的变化（单位：万人）

时间/年	土著人口	白种人口	黑种人口	合计
1700	75.0	22.3	2.7	100.0
1820	32.5	788.4	177.2	988.1
1860	16.0	2724.0	400.0	3140.0

——安格斯·麦迪森《世界经济千年史》

教师活动：引导学生阅读材料，结合所学知识，归纳美洲族群变化的表现。

学生活动：阅读并归纳。

①土著美洲（印第安人）急剧减少。

②非洲黑人被贩卖到美洲，美洲黑人数量增加，人口超过土著。

③欧洲人来到美洲，使美洲白人数量大大增加，远超土著和黑人。

④白人、黑人和土著的混血后代，逐渐成为美洲大陆的主要居民。

（2）美洲族群变化的原因

材料3 从17世纪起，英国步西班牙的后尘，开始在北美大陆建立殖民地。英属北美殖民地居民大多数来自英、法、德、荷等国，他们有的是为了逃避本国政府迫害和天灾人祸，有的是为了追求信仰自由和美好生活。移民凭借武器和物质上的优势，驱逐或屠杀印第安人，强夺其土地。

——摘编自吴于廑、齐世荣《世界史·近代史编》

材料4 16世纪的修道士卡萨斯关于西班牙殖民者屠杀印第安人的一段记载：

西班牙殖民者在登陆的岛屿上屠杀了无数印第安人，制造了巨大的灾难。他们掳掠印第安人的妻小，奴役蹂躏他们。整个岛屿全部被摧毁，一片荒凉。

——摘编自卡萨斯《西印度毁灭述略》

材料5 当地的印第安人无法用来做种植园的活，因为他们染上了来自欧洲的疾病，正在灭绝。种植园主起初想雇佣欧洲的契约工人，但是，他们工资太高且自由散漫，于是改用了非洲奴隶；第一批奴隶是在哥伦布首次远航后不久运来的……最新的研究表明，1500年至1867年间，有1200万到2000万奴隶被迫运离非洲。结果，到1850年，在南北美洲，非洲裔奴隶的人数是白人的3—4倍。

——摘编自斯塔夫里阿诺斯《全球通史：从史前史到21世纪》

教师活动：引导学生阅读材料，结合书本内容，分析美洲族群变化的原因。

学生活动：分析归纳原因。

①西欧国家殖民扩张，在美洲建立殖民地。

②西欧移民为了逃避本国政府迫害和天灾人祸，追求信仰自由和美好生活，逃亡到北美。

③西欧移民的屠杀、奴役以及传染病，造成美洲土著居民印第安人大量死亡。

④西欧殖民者推行黑奴贸易，把大批非洲黑人贩卖到美洲各个殖民地。

（3）美洲族群变化的影响

材料6　西班牙人和葡萄牙人的政府带来了伊比利亚的文化概念，他们认为比土著文化优越。同样，他们也认为非洲宗教和文化比自己的低劣……印第安社会生存下来，并且在与西班牙人和葡萄牙人互动的时候，维持着相对的自治性。同样，奴隶们在学习应付他们的主人和适应新环境的同时，保持了非洲的宗教传统、信仰、习惯和语言。

——斯基德莫尔、史密斯、格林《现代拉丁美洲》

教师活动：引导学生阅读材料，结合所学，说明欧洲侵略者的殖民活动对美洲文化的影响。

学生活动：分析殖民活动对美洲文化的影响。

①打断了美洲文化的发展进程，土著文化受到严重破坏。

②逐渐形成了以欧洲文化主导、融合多种文化因素的新的美洲文化。

③一定程度上保留了各个族群各具特色的文化，使美洲文化更加多元化。

（4）美洲国家人口结构差异

材料7　西班牙政府鼓励通婚。西班牙人与北美十三个殖民地的英格兰人不同……不反感自己和当地人的血统混合……

西班牙殖民统治美洲的三个世纪里，去美洲的西班牙人相对较少……与英格兰政府不同，西班牙政府限制本国人自由迁徙到殖民地……

西班牙美洲殖民地不欢迎非西班牙人……结果是，非西班牙血统的欧洲人在西班牙殖民地极其罕见。18世纪末，白人的总数，或者说那些被视为白人的总数，在三百万到四百万之间，约占西班牙美洲殖民地总人口的百分之二十。

——赫顿·韦伯斯特《拉丁美洲史》

材料8　巴西很少有欧洲女性，葡萄牙男性非常乐意尽享齐人之福，娶一个美洲女人，同时再娶一个女奴……事实上，在殖民时期的巴西，跨民族、跨种族的婚姻是很常见的，由此代代相传下来，比墨西哥的梅斯蒂索人的混血情况要彻底得多，复杂得多。

——杰里·本特利、赫伯特·齐格勒《新全球史》

材料9

美国新墨西哥州一个保留区内的印第安人

教师活动：引导学生阅读材料，结合书本内容，以表格形式归纳美洲国家的人口结构差异。

学生活动：填写表格。

美洲国家的人口结构差异

差异原因			历史条件的差异
表 现	北 美	美 国	白人占据了人口的大多数，在美国，幸存的印第安人被赶进保留区生活
		加拿大	
	中美洲		黑人占人口的多数
	南美洲		混血人种成为最大族群 在秘鲁等少数国家印第安人相对较多，但也很少超过人口的半数

【设计意图】将斯塔夫里阿诺斯关于美洲人口构成的描述与1700—1860年美国人口种族构成的数据相结合，带领学生得出美洲族群变化的表现。进而出示相关史料，引导学生逐条分析美洲族群变化的原因，培养学生提炼有效信息的能力。选用来自书本学思之窗的材料来分析美洲族群变化的影响，可以引导学生回归书本。引导学生通过史料的分析得出美洲人口结构的差异所在，并利用表格进行归纳整理，可以锻炼学生整体把握知识的能力。

导入学习任务二：英国的殖民活动与大洋洲人口结构的改变

（1）英国在大洋洲的殖民活动

教师活动：引导学生阅读书本内容，归纳英国在大洋洲的殖民活动历程。

学生活动：思考回答。

①18世纪中后期，英国殖民者将澳大利亚作为流放罪犯的场所。

② 19 世纪，英国殖民者开始在澳大利亚掠夺原住民的土地，建立牧场。

③ 1851 年，人们在澳大利亚发现金矿，采矿业迅速发展。

（2）大洋洲人口结构的改变

材料 1

特鲁加尼尼（？ —1876）

1803 年，英国殖民者开始向澳大利亚附近的塔斯马尼亚岛移民，当时岛上有原住民四五千人，到 1830 年，当地原住民只有不到 300 人。1876 年，最后一名塔斯马尼亚原住民妇女特鲁加尼尼去世。

——《历史 选择性必修 3·文化交流与传播》

材料 2 在大洋洲，据 20 世纪 70 年代统计，澳大利亚的英格兰人和爱尔兰人的后裔占 82%，原住民只占微不足道的 0.01%；新西兰的原住民毛利人占 9%，英国（包括英格兰和爱尔兰）人后裔占近 80%。

——《历史 选择性必修 3 教师参考用书》

教师活动：引导学生阅读材料，结合书本内容，思考英国的殖民活动对大洋洲人口结构产生的影响。

学生活动：思考并归纳。

① 原住民遭到驱赶和屠杀，人口数量锐减。

② 19 世纪中叶，白人已经成为当地的主要居民。

教师活动：引导学生思考，英国的殖民活动对大洋洲的文化产生的影响。

学生活动：欧洲文化成为当地文化的主流。

【设计意图】归纳书本知识，得出英国在大洋洲的殖民活动历程。借助史料分析英国的殖民活动对大洋洲人口结构产生的影响，培养学生史论结合，论从史出。

导入学习任务三：华工与美洲、大洋洲的开发

（1）华工出国的原因

材料 1 工业革命的进步援助了这些废奴主义者；它正在使奴隶制过时。因为不断进步的技

术所需要的是海外市场，而不是廉价劳动力的供应。……1833 年，议会终于通过了一项在英国本土彻底废除奴隶制并向蓄奴者提供 2000 万英镑赔偿费的法令。海地、美国和巴西分别于 1803 年、1863 年和 1888 年废除奴隶制，古巴大约也在 1888 年废除奴隶制，此外还有一些别的国家相继废除奴隶制。

——斯塔夫里阿诺斯《全球通史：从史前史到 21 世纪》

材料 2　从雍正二年到光绪十三年（1724—1887）的 163 年间，广东人口从 400 多万猛增到 2970 多万，增幅达近 6 倍之剧。庞大的人口压力在日益剧烈的土地兼并之下，不断地游离出过剩的贫困人口，西方工业品的涌入又打击了珠江三角洲的手工业。

——姚远《清末民初广东、江苏海外移民比较研究》

材料 3　第五款　戊午年定约互换以后，大清大皇帝允于即日降谕各省督抚大吏，以凡有华民情甘出口，或在英国所属各处，或在外洋别地承工，俱准与英民立约为凭，无论单身或愿携带家属一并赴通商各口，下英国船只，毫无禁阻。该省大吏亦宜时与大英钦差大臣查照各口地方情形，会定章程，为保全前项华工之意。

——中英《北京条约》

材料 4　当时有个名叫奥基利的人写道："我在一家公司航船上见到即将送到市场上拍卖的 900 名华工，他们将使该公司获得 45 万美元，而该公司在他们身上的花费不到 5 万美元，即使在买卖黑奴全盛时代也没人能赚这么多钱。"……在如此之高的利润的刺激下，西方冒险家和商人们纷纷聚集于中国东南沿海从事人口贩运……他们在条约口岸逐渐建立了一种供应苦力的制度——苦力代理商制度。

——王富盛《论近代中国苦力贸易兴起之原因》

教师活动： 引导学生阅读材料，结合书本内容，归纳华工出国的原因。

学生活动： 思考并归纳原因。

①黑奴贸易被限制，美洲、大洋洲等地需要大量新的廉价劳动力。

②暴利刺激下，苦力代理商的出现。

③中国人地矛盾突出，列强的经济侵略破坏中国的自然经济，中国东南沿海的穷苦百姓，或是因为生活所迫，或是被诱骗、绑架成为苦力。

④清政府被迫允许列强招募华工（华工出国合法化）。

（2）华工出国的特征

材料 5　（苦力）数百人闭置一舱，昏闷而死者已三之一，抵埠以后饥饿疾病鞭棰而死者又三之一，仅延残喘者不及一成。

——陈炽《续富国策》

教师活动： 引导学生阅读材料，结合书本内容，归纳此时华工出国呈现出来的特征。

学生活动： 华工出国是在鸦片战争后大量出现的，他们大多数是被西方殖民主义者拐掠、贩卖的契约华工；他们在出行途中时，死亡众多；他们在国外从事苦力劳动，受到极不公正的待遇；

他们的足迹遍及世界各地。

（3）华工出国的影响

材料6 1858—1859 年，澳大利亚的华人达到 4.2 万人。在金矿集中的新南威尔士，华工人数占金矿矿工总人数的五分之一到四分之一。"淘金热"之后，华工离开矿井，进入悉尼和墨尔本等城市，从事家具制作、饮食业、商业或郊区的蔬菜种植等工作，不断取得成功。华人的成功和不断增加的财富引起白人工人的强烈不满。这些白人工人在各地排斥华人，并为政客所利用，掀起了旷日持久的排华运动。最终，大多数华工选择回国。

（在美国）华工不但在金矿淘金，也开荒种地、疏浚河道、修建房屋，做洗碗工、洗衣工、人力车夫和家庭仆役等。长达 1100 千米的中央太平洋铁路，有 95% 的工程是华工加入后的四年里修建的。很多华工死在修路工地上，有人认为丧命于这条铁路工地上的华工不下万人。由于使用华工，中央太平洋铁路公司节省了数千万美元的费用。华工的吃苦耐劳使很多白人工人感觉受到了威胁。1882 年，美国国会通过并由总统签署了《排华法案》。华工在美举步维艰，很多人后来都陆续回国。

——摘编自《历史 选择性必修 3 教师参考用书》

材料7 各国有名的唐人街

悉尼唐人街

旧金山唐人街

教师活动：引导学生阅读材料，结合书本内容，思考华工出国对美洲、大洋洲的影响。

学生活动：思考并回答。

①华工为美洲和大洋洲的开发做出了重要贡献。

②留下来的华工创立了唐人街，保留和传播着中华文化，促进了美洲和大洋洲经济、文化发展。

教师活动：晚清时期，华工虽为美洲、大洋洲的开发做出了重要贡献，但由于没有强大祖国的支持，华工举步维艰。华工的悲惨遭遇，进一步说明了近代殖民活动的罪恶，也证明了只有国家强大，国人才有依靠。

【设计意图】依次设置华工出国的原因、华工出国的特点、华工出国的影响三大问题，借助翔实的史料进行分析论证，培养学生历史解释的能力。最后通过对华工悲惨遭遇的深刻分析提升家国情怀。

课堂小结

16世纪以来欧洲白人的主动移民和非洲黑人的被贩卖，19世纪中叶以来亚洲华工的被出国，构成了近代殖民活动下的近代人口迁徙，这对美洲、大洋洲的族群变化、地区开发、贸易发展和文化交融等方面都产生了重大影响。

作业拓展

新航路开辟后，欧洲殖民者在世界各地进行殖民活动，拓展殖民地。美洲出现了族群的巨大变化，而同样遭受殖民侵略的非洲却没有发生这种情况。上述现象出现的原因是什么？谈谈你的看法。

本题具有开放性，引导学生结合所学知识，以美洲族群变化的原因作为参照，查阅相关资料，了解欧洲殖民者在非洲进行侵略活动的情况，综合分析非洲没有发生族群变化的原因。

 设计反思与讨论

本课的主题是近代殖民活动和人口的跨地域转移，内容多、时空跨度大，教学中不可能面面俱到，需要寻找重难点进行有效突破，并在小结阶段对近代人口的跨地域转移的概况及特点进行分析，从而形成一个完整的知识结构。

本课教学中通过史料分析、问题探究、情景再现等方法，培育学生的史料实证和历史解释能力。突出华工为美洲及大洋洲开发做出的重要贡献，理解华人在传播民族文化方面所发挥的作用，从华工的悲惨命运中看到中国人的吃苦耐劳品质，从对华工悲惨遭遇的深刻分析中提升学生的家国情怀。

在实际教学中，可能出现由于史料较多，学生在史料分析中不够积极的现象，教师应注意细致引导，努力发挥学生的主观能动性，尽量寻找设定与生成中的双向平衡。

第8课　现代社会的移民和多元文化

设计思路

《普通高中历史课程标准（2017年版2020年修订）》要求：通过了解现代社会世界各地区不同规模和类型的人口迁徙，认识人口迁徙和移民社会中出现的文化认同问题。

在仔细分析本课内容和阅读相关书籍的基础上，确定本课的核心概念是"多元文化"。以此为主题，研读教材和搜集相关史料，通过问题驱动，引导学生解决预设问题，了解多元文化的成因，认识多元文化的影响，思考多元文化的出路。通过深挖教材文本，构建知识逻辑，渗透历史学科核心素养。

经过一年《中外历史纲要》的学习，学生已经初步具备了基础历史通识知识的储备以及一定程度的自学能力。因此本节课的设计主要注重启发学生的历史思维以及促进学生历史认识的深化，引导学生由浅入深，最终在历史课堂中学会学习。

教学目标

1. 通过对图片史料以及文字材料的解读，理解多元文化的成因、多元文化的影响，提高历史解释和史料实证能力。

2. 了解现代移民状况，认识移民在融入当地社会中产生的文化认同以及文化互斥现象，理解文化交流的多样性和文化群体的独特性，增强民族认同感，涵育家国情怀。

3. 引导学生对史料进行研读，从唯物史观的角度分析难民问题产生的原因，理解经济全球化对人口流动和多元文化的影响。

重点难点

1. 重点：现代移民社会的形成及多元文化特征。
2. 难点：移民社会的多元文化和文化认同。

教学活动过程

课前教师播放音乐演奏视频 *Nomaden*——1小时的大提琴演奏，汇集了来自不同文化的乐器，以此营造氛围，烘托气氛。

导入 »»»

教师展示图片：

亚洲文化嘉年华在鸟巢亮相　　　　　多元文化节音乐会

【设计意图】呈现出百花齐放春满园的和谐文化氛围，增强学生的直观感受，激发兴趣，并引出多元文化的含义。而多元文化又与人口迁移有着密切的关系，从而导入新课。

导入学习任务一：多元文化之因——人口迁移

材料 1

移民与难民

教师活动：引导学生回答他们的身份分别是什么？他们有着各自怎样的生活？

学生活动：解读图片并结合教材，思考回答。

移民是人口在不同地区之间的迁移活动的总称，包括短期人口迁徙和国籍转变等。

难民是现代社会移民中的一个独特群体。他们因战争和地区冲突、宗教或部族矛盾、自然灾害、经济恶化等各种原因被迫离开原籍国，且不能或不愿返回原籍国。

（1）移民启新生：经济全球化和劳动力的全球流动

材料2　战后的国际分工比过去更有"世界性"。它……既包括发达国家，又包括发展中国家。如果说，战前在世界经济中还存在一些"孤岛"，那么，战后，世界所有国家和地区都已程度不等地卷入了国际分工的世界体系中。

——陈德照《二次世界大战后国际分工理论的发展》

表现跨国公司雇员在全球流动特点的漫画

教师活动：指导学生根据材料并结合教材，概括现代社会移民的原因。

学生活动：解读材料和教材，分析指出。

原因：经济全球化 ⟹ 国际分工深化，生产国际化加强 ⟹ 全球劳动力市场逐渐形成

教师活动：引导学生阅读教材，梳理劳动力全球流动的方向，完成表格。

学生活动：梳理教材，完成表格。

"二战"后全球劳动力的流动方向

阶　　段	流出地	流入地
"二战"后	南欧、北非、东南亚、拉美	西欧、北美和大洋洲等发达地区
20世纪七八十年代	亚洲、非洲	中东产油国、日本、亚洲新兴工业国
20世纪90年代	东欧	西欧和北美

材料3　第二次世界大战以后，国际移民的范围和数量大为扩大。1945—1973年，长时期繁荣的刺激导致不发达地区的劳工大规模迁入西欧、北美和大洋洲。1973年"石油危机"导致经济严重萎缩，因而影响了国际人口迁移。接着，资本从原来的经济中心转移，跨国的生产和分配方式重新形成了世界经济的大格局。新类型的移民纷纷进入一些较老的工业国家，而在南欧、海湾石油国家、拉美、非洲和亚洲则有新的移民输入国出现。在20世纪80年代晚期和90年代早期，

移民活动之盛达到前所未有的程度。联合国的数字表明,全球移民总量从 1965 年的 7500 万增长到 1990 年的 1.2 亿。

——李其荣《经济全球化与国际人口流动》

材料 4

中东产油国工人　　　　　　　　"硅谷"苹果公司总部

教师活动:引导学生根据材料并结合教材,概括"二战"后全球劳动力市场结构的阶段特征。

学生活动:阅读材料并结合教材,思考回答。

① 20 世纪 50—70 年代:劳工迁移(体力劳动);

(制造业、公共服务业)

② 20 世纪 80 年代以后:知识精英迁移(智力劳动);

(贸易、金融、信息技术等)

教师活动:综合上述材料,引导学生分析"二战"后全球劳动力流动的趋势。

学生活动:解读材料,思考回答。

趋势表现为:由发展中国家(或地区)向发达国家(或地区)流动;由劳动密集型向知识密集型转变。

【设计意图】立足唯物史观,指导学生通过对课本内容和史料的阅读,从中提取有效信息,从生产力与生产关系的角度去分析,认识经济全球化是现代社会人口迁移的主要推动力,理解现代社会人口大规模迁移是多元文化的重要成因。运用史料解释历史的同时,增强学生的时空观念,提高筛选和运用史料的能力,提升历史的解释能力。

(2)难民寻保护:难民的困境和救助

材料 5　截至 2017 年底,全球有 6850 万人因战争、暴力冲突与迫害被迫逃离家园。这一数字相当于泰国的总人口,比前一年增加近 300 万人,比 10 年前增加 50%。以全球人口比例计算,每 110 人中就有 1 人被迫沦为难民。输出难民最多的国家是叙利亚,其境外流徙的难民高达 630 万人,其次是阿富汗、南苏丹、缅甸等。

——编译自联合国难民署《2017 年全球趋势报告》

材料6

何凤山给犹太难民签发的签证

上海犹太难民纪念馆

教师活动： 指导学生根据材料并结合教材，思考难民产生的原因以及不同时期难民的来源。

学生活动： 阅读教材，梳理回答。

①原因：战争和地区冲突、宗教或部族矛盾、自然灾害、经济恶化等。

②来源："二战"前：主要产生于欧洲，如遭到纳粹德国迫害而流亡的犹太难民。

材料7

马其顿—希腊边境墙

美国"砌墙"阻隔

欧洲各国救济乌克兰难民

中国向乌克兰难民提供援助

教师活动： 指导学生根据图片结合所学，思考面对难民问题是"砌墙"阻隔还是"建桥"沟通。
简述有些国家面对难民问题"砌墙"的原因。

学生活动：小组讨论，归纳回答。

认为应该建桥沟通。

"砌墙"的原因：冲击社会治安，影响政局稳定；挤压生存空间，减少就业机会；降低社会福利，加重经济负担；冲击本土文化，增加社会动乱。

材料8 "世界难民日"历年主题一览（2011—2017年）

2011年："一个流浪家庭已经太多"和"一个被剥夺希望的难民已经算太多"

2012年："难民别无选择，你有"

2013年："用一分钟时间，支持一个难民家庭"

2014年："因战争而导致分离的家庭即便只有一个也太多"

2015年："倾听难民的故事，如同你我一样"

2016年："移民与难民质问我们"

2017年："因为勇气，我们与难民同在"

——摘编自联合国难民署网站

教师活动：引导学生阅读教材，梳理国际社会为难民搭"桥"的事例，回答结果如何？从中可以得出怎样的结论？

学生活动：解读教材，整理归纳，讨论回答。

①事例：1950年"联合国难民署"成立，专门协调处理难民问题。

1951年联合国通过《关于难民地位的公约》规定救助难民的行动准则。

1966年联合国又通过《关于难民地位的议定书》扩大1951年公约的适用范围。

2000年联合国大会决定，从2001年起，每年的6月20日为"世界难民日"。

②结果：尽管国际社会在难民的人道主义救助上做了很大努力，但仍然没有改变难民逐年增加的趋势。

③结论：国际社会要实现让世界不再有难民这一终极目标，仍然任重道远。

【设计意图】运用典型的材料，引导学生思考是"砌墙"还是"建桥"。在升华主题的同时进一步了解世界历史发展的多样性，尊重世界文明的多样性，进一步拓展国际视野，形成开放的世界意识。

导入学习任务二：多元文化之果——文化认同（以美国为例）

材料1 认同是在不同的文化接触、碰撞和相互比较的场域中，创造出既有民族"自性"又有全人类"共性"的新文化，才能建构起真正的文化认同。历史上，因人口迁移导致不同文化的融合，形成新的文化系统的事例很多，如山东、河南等地的人们闯关东，构建了关东文化；山西、陕西等地的人们走西口，形成西口文化。世界上各种文化整体共存就必然会互相接触、交流，诞生出新的文化形态，把人类文化推向前进。

——梁成策《试论人口迁移流动对文化传播的影响》

教师活动：指导学生阅读材料，思考什么是文化认同。

学生活动：解读材料，分析回答。

是人们对某一文化或文化群体意义和价值的确认。文化认同既有融合的趋势，也经历着冲突和调适的过程。

材料2　据1790年美国第一次人口统计，当时来自欧洲的移民结构为：英格兰人占60.14%，苏格兰人占8.1%，爱尔兰人占9.5%，德意志人占8.6%，荷兰人占3.1%，法国人占2.3%，瑞典人占0.7%，西班牙人占0.8%。

1901—1920年，移民人口中，来自欧洲的占85%，来自亚洲的和来自拉丁美洲的均占4%。

1961—1970年，移民人口中，来自欧洲的占33%，来自亚洲的占13%，来自拉丁美洲的占39%。

1981—1990年，移民人口中，来自欧洲的占10%，来自亚洲的占38%，来自拉丁美洲的占47%。

——摘编自余志森《美国多元文化研究》

教师活动：引导学生根据材料，说说美国移民结构发生的变化以及美国的文化特征。

①变化：18世纪，美国人口基本由欧洲移民组成，其中绝大多数来自英国。

20世纪初，欧洲移民仍占大多数，亚洲和拉丁美洲的移民人数开始占据一定比例。

20世纪60年代，欧洲移民下降到三分之一，拉美移民近40%，拉美成为移民的主要来源地。

20世纪80年代，欧洲移民下降到10%，亚洲移民上升到38%，亚洲移民和持续增加的拉美移民构成了美国新移民的大多数。

②文化特征：以欧洲文化为主流的移民文化，多元文化并存。民族和文化的多样性是美国社会的显著特征。

材料3　"二战"后，随着非欧国家移民的大量涌入和非洲裔移民地位的提高，各地区的文化传统也对美国主流文化产生重要影响。这种文化既具有来自不同传统文化的多元性，又具有各种文化交流、融合后形成的体现现代美国特性的"一体性"。正是在这个意义上，美国的多元文化表现出民族"大熔炉"的特性。对主流文化的认同是美利坚民族的核心价值和民族凝聚力所在。

此外，美国的多元文化又是在动态过程中逐步发展的。在不同的历史阶段，移民的结构和各移民族群的交融方式也不一样，其中包含着对少数族群的强制和压迫、族群冲突等因素，这些因素对美国的文化认同造成了影响。尤其是20世纪80年代以后，随着移民结构的变化和非欧移民在人口比例中的上升，美国的主流文化也发生相应的变化。在这种情况下，如果主流文化的内在矛盾不能得到有效整合，美国多元文化的"一体性"就会下降，乃至成为缺乏凝聚力的民族"大拼盘"。这是美国的文化认同在新形势下面临的突出问题和挑战。

——《历史 选择性必修3教师教学用书》

教师活动：有人说美国是个民族"大熔炉"，也有人说美国是个民族"大拼盘"。引导学生根据材料并结合教材进行分析，试从文化认同的视角谈谈自己的看法。

学生活动：分组讨论，提出看法。

"大熔炉"说反映了美国自建国以来形成的美利坚民族的统一性和美国主流文化的"一体性"。

"大拼盘"说反映了美国族群关系中长期存在的深层"矛盾"。

随着移民结构的变化和欧洲移民比例的下降，美国主流文化的内涵也发生相应的变化，其多元性更为凸显，多元文化传统也使美国社会始终存在着不同民族间的文化认同问题。

【设计意图】引导学生通过史料阅读，理解文化认同的内涵，认识文化认同的实质。通过教材信息梳理美国不同历史时期的移民结构，共同探讨课后探究题，培养历史的思辨能力。

导入学习任务三：多元文化之路——天下大同（以新加坡为例）

材料1

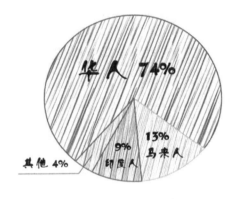

新加坡人口构成统计图

2021年新加坡的法定假日表

节　日	所属族群
元旦	全民
春节	华人
耶稣受难日	基督教徒
卫塞节	佛教徒
哈芝节	马来—穆斯林
新加坡国庆节	全民
屠妖节	印度族

材料2

新加坡塑造文化认同的措施

类　别	措　施
语　言	马来语、华语、英语和泰米尔语均为官方语言，其中英语为行政语言及通用用语
住　房	公共组屋（80%）和租房必须按族群比例进行分配，不同族群必须相互穿插居住
公务员结构	各族裔所占比重基本与其人口比重一致
学　校	英语+母语，母语高考不及格，大学不予录取
治　安	对族群间的歧视、侮辱和暴力行为，坚决予以打击

——整理自中国民族网《哈莉玛总统新加坡族群和谐的象征》

教师活动：引导学生根据材料并结合教材，概括新加坡文化认同塑造措施的特点以及新加坡的文化特征。

学生活动：阅读教材和材料，思考回答。

①特点：一是"存异"，即保护各族群的特色文化；二是"求同"，即塑造统一的国民价值观，让"新加坡人"的概念根植到每个人内心，把公民身份和国家意识建构在多元族群身份的族裔意

识之上。

②文化特征：多元文化和谐共处，形成了独特的文化景观。

材料3 2017年12月1日，习近平总书记在中国共产党与世界政党高层对话会上的主旨讲话中指出："人类命运共同体，顾名思义，就是每个民族、每个国家的前途命运都紧紧联系在一起，应该风雨同舟，荣辱与共，努力把我们生于斯、长于斯的这个星球建成一个和睦的大家庭，把世界各国人民对美好生活的向往变成现实。"

——央视网

材料4 文明因多样而交流，因交流而互鉴，因互鉴而发展。我们要加强世界上不同国家、不同民族、不同文化的交流互鉴，夯实共建亚洲命运共同体、人类命运共同体的人文基础。

——2019年习近平主席在亚洲文明对话大会开幕式上的主旨演讲

教师活动：指导学生阅读材料，思考多元文化的出路。

学生活动：解读材料，分析得出。

构建"人类命运共同体"，也就是我们中国传统文化所设想的——"大同社会"。

【设计意图】运用典型的材料，引导学生思考多元文化的出路，使学生认识到构建"人类命运共同体"的重要性。面对多样的文化，各国应当用开放和包容的心态，学习和借鉴优秀外来文化，促进和而不同、兼收并蓄的文明交流。

课堂小结

世界各国应该坚持包容普惠，共同发展。"一花独放不是春，百花齐放春满园。"追求幸福生活是各国人民共同愿望。人类社会要持续进步，各国就应该要开放不要封闭，要合作不要对抗，要共赢不要独占。正如社会学家、人类学家费孝通先生所说"各美其美，美人之美，美美与共，天下大同"，正是对多元文化认同的精辟总结。

作业拓展

韩国奥运冠军林孝俊加入中国国籍　　天才少女谷爱凌代表中国参加北京冬奥会

问题：说说中国吸引海外人才磁力渐强的原因。

学生通过查阅相关资料，以合作探究的形式，对这一问题进行深入思考，从而提高历史思辨的能力。链接时政热点，提升学生的民族自豪感和自信心。

 设计反思与讨论

本节课涉及的概念多元文化、文化认同等名词比较晦涩难懂。虽然本课有教学立意高度，但在备课过程中对典型史料的获取有一定的困难。

在教学方法上，以问题驱动，循序渐进，逐渐深入。在教学过程中运用唯物史观的基本观点和方法，通过各种不同形式的史料解读，使学生能够理解多元文化的成因，了解多元文化的结果，探讨多元文化的出路，从而认识到现代移民社会的文化认同的复杂性和艰巨性。

在教学中体现核心素养理念。本课设计以史料研读的方式提升学生史料实证和历史解释的能力，特别是增加了体现当下时政热点的内容，凸显培育学生的家国情怀。

第四单元　商路、贸易与文化交流

第9课　古代的商路、贸易与文化交流

《普通高中历史课程标准（2017年版2020年修订）》要求：了解不同时代、不同类型商路的开辟；通过了解商品所体现的特色文化，理解贸易活动在文化交流中所扮演的重要角色。

根据新课标要求及教材编排，教学过程围绕三部分展开。

丝绸之路：以史料研读、图片解读、地图学习等方式研究中国古代丝绸之路的背景与形成过程。欧亚大陆其他重要商路：充分运用教材的学思之窗、历史纵横等史料并结合地图拓展学生对其他重要商路的认识，发展历史解释素养。古代商路上的中西文化交流：利用图片、文字、实物等史料向学生展示古代丝绸之路上的中西文化交流，联系今天"一带一路"的伟大战略，深入理解丝绸之路的古今意义。

对于本课内容，学生在初中、高一阶段已学习相关知识并积累了一定的基础，但对欧亚大陆其他重要商路、丝绸之路的古今意义等知识点比较陌生，对这部分知识尚未建起全面的、系统的思维体系。高中阶段，学生历史学习思维活跃，史料阅读和理解能力提升，教师在教学过程中可以提供地图、文字等史料，让学生自主探究，帮助学生深入浅出地理解丝绸之路的起源与发展，提升学科核心素养。

教学目标

1. 通过时空定位、史料阅读、引导学生绘制路线图学习丝绸之路的开通及不同时期的路线，了解人类文化交流与传播的基本方式、途径和方法，培养时空观念。

2. 通过图片、文字、视频等史料，学习古代商路提供的物质、技术和精神文化交流，扩大国际视野，认识到在不同时期，世界各国、各地区、各民族都为创造人类文化做出了贡献，认识到

人类文化具有交流性和互补性的特征。

3.通过史料分析、史料实证，理解东西方文化交流的趋势，从而充分理解商路、贸易与文化交流之间的关系。

4.通过创设情境、阅读史料与问题探究，了解古代丝绸之路与今天"一带一路"的联系，感受中国倡导"一带一路"建设，推进构建人类命运共同体的大国担当。

 重点难点

1.重点：陆上丝绸之路和海上丝绸之路的开辟与发展；古代丝绸之路的贸易流通促进了各文明之间的交流与融合。

2.难点：理解商路贸易在文化交流中的重要角色。

 教学活动过程

 导入 ❯❯❯ --

教师展示诗句：

《凉州词》

[唐]张籍

边城暮雨雁飞低，

芦笋初生渐欲齐。

无数铃声遥过碛，

应驮白练到安西。

教师活动：低飞的雁群在傍晚时分出现在边城，芦苇正在努力地成长。一群骆驼满载着货物伴着叮叮当当的驼铃声缓缓前进。西去的驼队应当还是驮运丝绸经由这条大道远去安西。引导学生通过朗读诗句，回忆并思考古代中国丝绸之路的起源与发展，进入本节课的学习。

【设计意图】设置情境，以唐朝诗人张籍的《凉州词》导入，通过让学生朗读诗句，将学生的思绪拉入大漠丝绸之路的盛况之中，进而开展下面的探究学习。教师通过引导学生理解诗句的内涵，感受古代的商路、贸易与文化的密切关联，激起学生的学习兴趣，借此打开学生的学习思路，将商路、贸易与文化交流这一单元主题展现出来。

导入学习任务一：地理篇——丝路古道贯东西

（1）丝绸之路的内涵
教师展示图片：

德国地理学家李希霍芬（1833—1905）

教师活动： 1877年，德国地理学家李希霍芬在他的著作《中国》一书中，首次用"丝绸之路"一词来称呼历史上这条促成东西方文化交流的路线。指导学生结合所学，理解丝绸之路的内涵。

学生活动： 运用相关史料，归纳内涵。

"丝绸之路"是指起始于古代中国，经由中国西北和中亚连接古代东西方的重要商路。狭义的丝路一般指陆上丝绸之路。广义上又分为陆上丝绸之路和海上丝绸之路。

（2）古代丝绸之路的起源
材料1　丝绸之路有多条，目前学术界认为主要有沙漠丝绸之路、草原丝绸之路、海上丝绸之路和西南（或称"南方"）丝绸之路。出现多条不同的丝绸之路是因为它的时空特点不相同，历史作用也不一样。

——刘庆柱《"丝绸之路"的考古认知》

教师活动： 指导学生根据材料以及课本第51页的《丝绸之路路线示意图》，指出丝绸之路的轨迹，并完成下列表格。

学生活动： 运用相关史料，填写表格。

欧亚大陆东西交通路线表

路　线	起　点	途经地	终　点	主要货物
陆上丝绸之路	长安	西北、中亚	欧洲、非洲	丝绸
草原丝绸之路	漠北、南西伯利亚	咸海、里海北	欧洲、小亚细亚	民族迁徙
西南丝绸之路	长安、成都	四川、缅甸以及印度	中亚、西亚	茶、马
海上丝绸之路	中国沿海	南海、印度洋、东海	西亚、北非、朝鲜、日本	瓷器

材料2　大宛之迹，见自张骞。张骞，汉中人，建元中为郎。是时天子问匈奴降者，皆言匈奴破月氏王，以其头为饮器，月氏遁逃，而常怨仇匈奴，无与共击之。汉方欲事灭胡，闻此言，因欲通使，道必更匈奴中，乃募能使者。骞以郎应募，使月氏，与堂邑氏胡奴甘父俱出陇西。经匈奴，匈奴得之，传诣单于。单于留之，曰："月氏在吾北，汉何以得往使？吾欲使越，汉肯听我乎？"留骞十余岁，与妻，有子，然骞持汉节不失。

——司马迁《史记·大宛列传》

材料3　当时，一个商队并不一定要从头到尾走完这条通商之路。一般来说，我们可以把沿途交易设想为三段进行：在最东方的是中国人，他们一直到达蒲昌海（罗布泊），也可能只到达敦煌；在最西部的是希腊人、叙利亚人和犹太人，他们从罗马帝国到叙利亚；从叙利亚到贵霜王国，甚至一直到达帕米尔一段，则是波斯人；从波斯—印度边境穿过整个西域，一直到达甘肃边境的是贵霜人。

——布尔努瓦《丝绸之路》

材料4　前1世纪，罗马人从安息人那里认识了丝绸，并很快狂热地喜欢上了这种来自远东的神秘丝织品，成为丝绸在西方最大的主顾。丝绸质地优良，但制作工艺由汉朝垄断，神秘而复杂。运输过程路途遥远，常有各种危险，再加上官方税收，商人利润，使其成为一种价格昂贵的奢侈品。"奥勒良曾抱怨一磅丝绸在罗马竟能卖到12英两黄金"，罗马为进口丝绸，流失大量黄金。

——水丽淑《西汉丝绸之路走向繁荣的启示及原因》

教师活动：指导学生根据材料及结合所学，思考中国古代丝绸之路在汉代开辟的原因以及分析张骞通西域被称为"凿空"的原因。

学生活动：运用相关史料，思考分析。

①在汉代开辟的原因：汉朝积极的对外政策；两汉经济发展、丝织业发达；贸易利润巨大；丝路沿线的国际参与；稳定的国际关系等。

②称为"凿空"的原因：一方面，经由中国西北和中亚的丝绸之路贸易在张骞通西域之前已存在，但没有形成比较固定的路线，而且断断续续，不大为世人所知。另一方面，张骞通西域是丝绸之路发展史上的标志性事件，其前后丝绸之路的交通和贸易，无论在规模、稳定性还是影响力等方面，确实不可同日而语。所以"凿空"的提法，也有一定道理。

（3）丝绸之路的发展

材料1　泉州是唐宋元重要的国际港口，中东胡商颇多在此落户。今日泉州郭、丁诸姓，还可追溯伊斯兰来源。马可·波罗笔下的刺桐城——泉州，俨然是当时全世界数一数二的港口……东南与南方海路的情形，则有所不同。中国外销的商品，丝帛、瓷器、纸张、金属制品……不仅运往中东，也在中途营销……这样的贸易，牵涉海员、商贾、当地牙行以及政府的榷关。往返于这条航线上的胡贾番商，颇有人长期定居于中国港口地区。广州、泉州、明州，甚至中继港的内地港口，如扬州、洪州，都有外国商贾长期居留，号为"蕃坊"。

——许倬云《万古江河：中国历史文化的转折与开展》

材料 2　在宋代，汉代张骞开通的陆上"丝绸之路"大多数时期都被西夏、吐蕃所阻隔，无复汉唐盛象。随着经济重心的南移，宋朝在东南沿海地区大力开拓海上贸易，发展与海外诸国的关系。因此，两宋是中国古代海外贸易发展的高峰期，并对后代产生了深远的影响，在世界航海史上占有重要地位。

——游彪《宋史：文治昌盛 武功弱势》

教师活动：引导学生根据材料并结合所学知识，概述丝绸之路的发展历程并思考宋代海上丝绸之路兴盛的原因。

学生活动：根据材料，思考归纳。

①发展历程：丝绸之路在长期发展中开辟出一些支线，新疆、中亚地区的路线尤为复杂。唐朝中期以后，受割据、战乱等因素影响，加上东西方的海路联系日益活跃，丝绸之路在东西交通中的重要性逐渐下降。

②宋代海上丝绸之路兴盛的原因：社会经济的发展，经济中心的南移；航海技术的进步；对外政策的支持，政府大力鼓励民间商人和外商的贸易活动；管理机构的完善——宋建国后，建立了完善的市舶机构和系统的市舶管理制度；陆上丝绸之路的阻断。

【设计意图】通过初中和高一的学习，学生对于丝绸之路的相关知识点已经很熟悉了。由此在处理这部分知识点的时候，主要由学生自主整理，厘清要点。同时通过史料、地图及图片等补充，帮助学生了解丝绸之路的不同景象，这既培养学生自主学习、分析和概括材料的能力，增强课堂的参与感，又在教师的问题研究引导下，深入思考丝绸之路不同时代的不同发展历程以及其他丝绸之路的开辟，提升学生的学习兴趣，培养时空观念和历史解释素养。

导入学习任务二：物华篇——丝路花雨泽万邦

材料 1　从汉代开始，中国不断输出丝绸，输入西方产品。葡萄、胡葱、西瓜之属，成为中国的常用食物；胡琴、眩戏（今日的魔术）等也成为中国生活中的常见事物……另一项文化交流的后果，则是有些西方疾病进入中国地区。东汉多大疫，一次又一次大规模的瘟疫遍传南北。1世纪末出现的大疫，死人无数，其来源可能是西边丝道上的军队将疾病带入中国……然而，东汉的大疫不断，终于有了张仲景《伤寒杂病论》，实为中国医学史上划时代的作品。

——许倬云《万古江河：中国历史文化的转折与开展》

材料 2　连接太平洋、中亚、印度和波斯湾的通道上不只是货物在流通，还有思想。最重要的思想是和神有关的。智慧和宗教的交流在这片地区一直非常活跃，如今则变得更为复杂、更富竞争性。地方宗教和信仰体系开始与一些具有影响力的宇宙观相碰撞，形成了一个使各种思想得以相互借鉴、相互改善并最终焕然一新的大熔炉。

——彼得·弗兰科潘《丝绸之路：一部全新的世界史》

材料 3

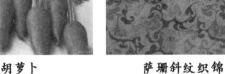

胡萝卜　　　　　　　　萨珊斜纹织锦　　　　　　　敦煌莫高窟

教师活动：引导学生根据材料并结合教材的图片及历史纵横，指出古代商路上的中西文化交流的具体表现。

学生活动：归纳整理。

第一，物质和技术交流。

①中国物质和技术西传：

养蚕和缫丝技术逐渐传到东罗马帝国。

漆器及其制造技术、铁器及冶铁技术，经由中亚向西传播。

中国古代的四大发明经由陆路和海路传到西方。

瓷器主要沿海路外销到东南亚、南亚、西亚、北非、东非等地，深受当地人喜爱。西亚和北非工匠大量仿制中国瓷器，反映出当地人在审美等方面受到了中华文化的影响。

②西方物质和技术东传中国：

西汉一度征服中亚的大宛国，获得"汗血马"，引进饲草苜蓿及葡萄等水果。

西瓜和中国古代文献中记载的胡桃、胡萝卜等带有"胡"字的物种，基本都是通过西域传入的。

中亚和西亚的服饰、饮食对隋唐社会产生重大影响。

宋元时期，棉花传入中国，发展为重要的经济作物。

香料、珠宝、金银器皿等外来商品，早期多从陆路输入，自宋代起基本来自海路。

第二，精神文化交流。

①佛教在汉朝传入中国，逐渐中国化，深刻影响了中国的思想、文学和艺术创作。丝绸之路沿线的著名佛教石窟，融汇东西艺术风格。

②祆教、摩尼教、犹太教、伊斯兰教和基督教陆续传到中国。

③中亚和西亚的杂技、魔术、音乐、舞蹈在汉唐王朝广受欢迎。

④中医药知识随着炼丹术传到阿拉伯地区。

教师活动：由此我们可以看到，丝绸之路极大地促进了商品大流通，推动了科学技术的交互传播，推动了沿线国家生产进步乃至社会变革，实现了东西方商贸互通和经济往来。东西方文化交流遍及音乐歌舞、天文历算、文学语言、服装服饰、生活习俗、宗教等社会生活的方方面面，古代丝绸之路沿线各国相互传播、相互影响、相互借鉴。丝绸之路是古代东西方商贸往来的生命线，是我国与沿线各国进行科学技术交流的重要平台以及文化交流的通道。引导学生由此思考，商路、贸易与文化交流之间的关系。

学生活动： 根据所学，分析商路、贸易与文化交流的关系。

①丝绸之路是古代东西方最重要的一条交流通道。随着张骞出使西域，丝绸之路的开通，西方的动植物品种源源不断地通过丝绸之路传入中国。这不仅增加了我国农作物种类，而且大大丰富了各族人民的物质文化生活。

②丝绸之路的开发固然以丝绸贸易为初始驱动力，但它实质上促进了不同地区的交流，展现了文明之间的互动。除了丝绸和其他物质的交换，信仰和生活方式的交流其实对后世的影响更加深远。

【设计意图】通过文字、图片等史料，向学生展示丝绸之路沿线各个国家和地区之间的物种、技术和文化交流的不同面貌，让学生在感悟古代丝绸之路繁荣的同时，理解丝绸之路上的贸易与文化交流对各个地区和国家的影响。进而深入探究商路、贸易与文化交流之间的关系。使学生明白丝绸之路促进了商品大流通，是物种交流途径，是通商易货路线，是技术传播平台，是文化交流的通道，从而培养历史解释、史料实证、家国情怀等核心素养。

导入学习任务三：时代篇——丝路新途谱华章

材料1 自 2013 年以来，"一带一路"建设朝着"和平之路""繁荣之路""开放之路""创新之路""文明之路"的方向顺利发展，开创中国和世界各国互利共赢、共同富裕的发展新路。经贸合作硕果累累，贸易规模越来越大，投资领域不断拓宽，大批民生工程和基础设施工程扎实推进，中外合作的经贸合作区、工业园区在许多沿线国家生根落地。

——何星亮等《"一带一路"倡议与构建人类命运共同体》

材料2 贯通亚洲屋脊的新通道不断涌现，将这一重要地区以多种形式与四面八方连接在一起，如同过去 1000 多年所呈现的那样……这些通道还包括输油管和输气管，将能源输送给有财力、有需求的欧洲、印度和中国等地的消费者……以满足中国因经济增长而产生的对化石能源的巨大需求新的市场也被紧密地建立起来，促进了阿富汗、巴基斯坦和印度之间的合作……这些现有的和规划中的管道也将欧洲与世界中心的油气田连接在了一起，不仅提升了能源出口的政治、经济和战略地位，同时也提升了沿途国家的重要性……在东方，中国签署了一份为期 30 年，价值 4000 亿美元的天然气订单，因而这些管线同样将成为未来中国的生命线……在过去的 30 年，交通枢纽和运输干线也取得了大规模扩张……中国政府精心打造着将城市、港口和海洋连接在一起的资源网络，这些基础设施能够大幅度提升贸易的数量和速度。

——彼得·弗兰科潘《丝绸之路：一部全新的世界史》

教师活动： 引导学生结合所学，谈一谈我们今天的"一带一路"倡议的丰富文化内涵及其有益的经验，并结合历史上的陆上丝绸之路和海上丝绸之路，思考今天倡导的"一带一路"的战略价值。

学生活动： 思考归纳。

①文化内涵。

开放、进取、合作、包容、沟通、交流、发展、共赢是人类文明得以延续和发展的密码。

②有益经验。

对个人：有责任有担当；发扬艰苦奋斗的精神；学习工作中不畏艰难险阻，勇于开拓。

对国家：要恪尽职守要加强与沿线国家的团结与合作，促进共同发展；要增进理解信任、加强全方位交流。

③战略价值。

坚持走开放融通、合作共赢之路，加强友好合作，促进共同发展、实现共同繁荣。惠及沿线国家、造福世界人民，功在当代、利在千秋，极大地凝聚了广大发展中国家共同维护世界和平、安全和发展的信心和力量。

【设计意图】古今联系，通过史料阅读，结合已学知识，对今天丝绸之路上国家的发展崛起和战略地位进行分析，指出丝绸之路的历史与今日的世界紧密相连，重视历史与现今的关系，让学生明晰中国政府极力倡导"一带一路"倡议的原因和国家推进构建人类命运共同体的大国担当，提升家国情怀。

课堂小结

本课从"丝绸之路""欧亚大陆其他重要商路"到"古代商路上的中西文化交流"，旨在通过介绍丝绸之路沿线的商品贸易来体现文化交流，而商路又是商品贸易的主要通道。新航路开辟以前，丝绸之路是东西方文化交流的重要象征，伴随着丝绸之路以及其他商路的开辟，中西方之间的物质、技术和文化交流更加便利。在教学过程中，通过地图、文献、图片等史料培养学生的历史思维和落实历史学科核心素养。

作业拓展

问题：阅读《汉书·张骞传》，感悟丝绸之路开辟的这段历史。

让学生通过课外阅读，深入了解张骞出使西域的这段历史，这既是对丝绸之路历史的拓展研究，同时也培养了学生阅读史料的习惯和能力，推动历史解释素养的落地。

 设计反思与讨论

根据《普通高中历史课程标准（2017年版2020年修订）》的要求，确立本课的教学重点、难点并加以突出、突破。

在教材处理方面，整合课本教材，将"丝绸之路""欧亚大陆其他重要商路"以及"古代商路上的中西文化交流"三个部分梳理为地理篇、物华篇、时代篇，符合课表的教学要求和教学内容的逻辑思路，有利于学生的理解和素养的落地。

在课堂教学中，充分了解学生的学情，课堂上通过教师的问题引导，突出"学生主体"地位，鼓励学生自主探究各个商路的产生与发展，从而调动学生的学习积极性，活跃课堂氛围。

在实际课堂教学中还应该注意把握学生自主探究问题的难度与深度，注意运用表格等形式帮助学生归纳梳理古代商路的发展历程。

第 10 课　近代以来的世界贸易与文化交流的扩展

设计思路

《普通高中历史课程标准（2017 年版 2020 年修订）》要求：了解不同时代、不同类型商路的开辟；通过了解商品所体现的特色文化，理解贸易活动在文化交流中所扮演的重要角色。

根据新课标要求及教材编排，教学过程围绕三部分展开。

全球贸易网的形成：以史料研读、图片解读、地图学习等方式研究近代全球贸易网的形成背景、过程与发展历程，注重唯物史观和时空观念素养的落地。商品流动与文化交流国际化：运用文字、图片和视频等多样化史料，带领学生领悟近代商品流动推动各国文化交流与融合，理解文化在交流中相互吸纳、借鉴和发展，感悟文明交流、互鉴、共存的深刻内涵。

对于本课内容，学生在初中、高一阶段已学习相关知识并积累了一定的基础，关于"全球贸易网的形成"这部分的知识点在《中外历史纲要》的教材都已有涉及，但总的来说学生对这部分知识尚未建起整体的、联系的框架。另外对于商品流动与文化交流的国际化部分的知识点学生还比较陌生。随着高一的历史学习，学生史料阅读和理解能力等都有所提升，教师在教学过程中可以提供地图、文字等史料，设置问题链，推动学科核心素养的落地。

教学目标

1.通过地图、数据等史料的研读，了解近代以来全球贸易网络形成及变迁的史实，理解近代以来商业贸易路线的扩展，发展时空观念。

2.通过史料分析、合作探究等形式，知道贸易中商品流动的史实，知道商品所承载的文化特色。

3.引导学生依托图片、文字等史料，认识商业贸易是文化交流的重要途径，辨析商品经济发展与文化之间的关系，培养学生的历史思维，理解经济基础与上层建筑之间的关系。

4.通过茶、服饰、钟表交流等文化实例的介绍，理解文化在交流中相互吸纳、借鉴和发展，感悟文明交流、互鉴、共存的深刻内涵，树立中华文化自信，增强民族自豪感。

重点难点

1.重点：全球贸易网的形成原因及对文化交流的影响。

2.难点：商品的世界性流动对文化交流国际化的推动作用。

教学活动过程

 导入 》》》——————————————————————————————————

教师展示图片：

凯瑟琳公主饮茶图

　　材料1　1662年，日薄西山的葡萄牙王国和大英帝国结成联盟，葡萄牙美丽的布拉干萨·凯瑟琳公主远嫁英国国王查理二世……不过，凯瑟琳作为英国王后深受民众爱戴，并因将茶带入英国王室而载入历史。1663年，诗人艾德蒙·沃勒专门写了一首颂诗《饮茶王后》进呈：花神宠秋色，嫦娥羚月桂。月桂与秋色，美难与茶比。一为后中英，一为群芳最。物阜称东土，携来感勇士。助我清明思，湛然祛烦累。欣逢后诞辰，祝寿介以此。

——梅维恒、郝也麟《茶的真实历史》

　　教师活动： 17世纪，葡萄牙公主凯瑟琳嫁给英国国王查理二世，品茶从此成为英国宫廷时尚。通过对中国茶文化在英国的影响力的了解，深入探索茶叶是如何传播到欧洲进而由凯瑟琳公主在英国上层社会引起风潮的，以及茶等其他的文化商品流动与其在文化交流中的表现等问题。由此，进入本课的学习。

　　【设计意图】 利用教材史料阅读中的材料，创设情境，通过时代背景的补充，可以让学生了解在那个时代茶的地位，从而以茶为主题导入本课的学习。

导入学习任务一：茶香万里——传播进程

（1）茶叶贸易

材料1

万里茶道的路线图

材料2　茶叶从中国向外传播主要通过三条途径：向东传到日本；向西通过陆路传到中国西藏、蒙古地区，进入中亚和伊朗，并进一步传到俄罗斯和邻近的斯拉夫国家；通过英国（和其他欧洲国家）传到世界各地，包括西欧、南北美洲、印尼、印度、锡兰（今天斯里兰卡）、澳大利亚、新西兰、斐济群岛、摩洛哥、东非。

——梅维恒、郝也麟《茶的真实历史》

教师活动：根据材料并结合所学，引导学生思考茶叶外传的原因、表现和影响。

学生活动：运用相关史料，思考分析。

①原因：中国茶叶文化对周边地区和国家的影响；新航路的开辟和西欧各国的殖民扩张，各洲之间的贸易随之扩展。

②表现：最初，茶叶主要在中国周边传播。新航路开辟后，国际流通中的商品种类与数量大大增加，贸易的扩大促进了股份公司的出现和发展，中国茶广泛传播到欧洲、美洲、非洲和大洋洲等地区。

③影响：推动了中西文化的交流与创新；西欧列强在美洲、非洲、亚洲等地的殖民扩张，客观上推动了洲与洲之间的贸易，以欧洲为中心的世界市场初步形成。

（2）茶叶贸易的扩大

材料1

油画《在安托尼妈妈的旅店》

材料2　16世纪是茶文化在英国的一个节点，在这之前的英国是没有茶叶的，当时不管是普通民众还是王室贵族都是以酒和咖啡为主要饮品。茶叶最初出现在英国也是作为药用的，茶饮之风主要是由英王查理二世的王后凯瑟琳推动的。由于王室的带头作用，茶饮逐渐在英国的宫廷中盛行开来。由于最初茶饮只是由王室和贵族消费的，此时的茶叶被贴上奢华的标签，究其根本，这是由于当时从东方进口到英国的茶叶的数量有限，随着英国经济的不断发展，航海业的发展使大量茶叶从东方运到英国，此时，茶叶才能进入普通百姓家，成为日常品。

——张进军《中英茶文化比较及对中国茶文化传播的启示》

教师活动：《在安托尼妈妈的旅店》是奥古斯特·雷诺阿1866年创作的绘画作品，对比导入的图片《凯瑟琳公主饮茶图》，引导学生思考两幅图片的不同之处并分析原因。

学生活动：根据材料结合所学，思考原因。

经过两次工业革命以及交通工具的革新，世界市场最终形成，推动了世界贸易的迅速增长。

材料3　世界经济的整体化趋势始于15、16世纪，产生和推动这种趋势的原动力来自日益发展的工业生产力。第一次工业革命"首次开创了世界历史"，它所带来的机器大工业为把国际间的交流推向全球化提供了必要的条件，为全球各地区、各国和各民族的沟通和未来全球一体化奠定了初步的基础……第二次工业革命为资产阶级"征服世界"提供了更加空前强大的经济实力和物质手段，成为将局部性的国际交流推进到全球性的沟通，将分散的、局部性的世界变成互动的、联成一气的整体性世界的根本动力。19世纪最后30年间，美国、德国、英国、法国、日本的经济有了飞速发展，世界工业总产量增长了两倍以上。1870—1913年，世界贸易增长了3倍多，铁路线长度增长了4倍。世界船舶总吨位在1870—1910年间增长了1倍以上。在生产力大发展的基础上，生产的社会化程度获得了极大提高，国际分工向广度和深度发展，国际间的联系更趋密切。

——摘编自王斯德《世界通史·工业文明的兴盛》

教师活动：指导学生在探究茶叶贸易扩大的同时，根据材料，梳理归纳全球贸易网络的形成概况表。

学生活动：运用相关史料，完成表格。

全球贸易网络形成的概况表

历史时期	历史事件	贸易概况	发展阶段
新航路开辟前	丝绸之路、海上丝绸之路	世界贸易局限于各洲内部、亚欧大陆之间，贸易路线不稳定	区域贸易
新航路开辟后	新航路开辟；殖民扩张	洲际贸易扩展，商品数量种类增加；贸易范围扩大；股份公司出现并发展	世界市场初步形成
两次工业革命期间	工业化生产；交通工具革新	世界贸易额剧增；国际分工与贸易格局形成	世界市场最终形成
20世纪以来	两次世界大战；经济危机；冷战；国际金融贸易协调机制、第三次科技革命、改革开放、世贸组织、国家垄断组织与跨国公司发展、交通和通信技术的进步等	经济联系密切、经济全球化加速发展	世界贸易和国际分工进一步发展

教师活动：引导学生根据表格，分析推动全球贸易网络形成的原因。

学生活动：根据所学，思考问题。

①直接原因：世界各国之间的贸易的扩大。

②根本原因：生产力的发展。

【设计意图】以茶叶贸易为线索，创设情境，在探讨茶叶贸易的发展和扩张的同时，补充相应的材料，引导学生梳理全球贸易网络的形成过程，从而将知识点的梳理具体化，在培养学生的历史思维能力的同时，提升学生的历史理解素养。

导入学习任务二：茶韵悠长——交流表现

（1）茶叶文化的交流与发展

材料1

| 《松溪品茗图》 | 俄罗斯茶饮 | 英国下午茶 |

材料2　明代的文人精英常视茶事为一项专门的艺术，茶的价值与地位毋庸置疑。他们对于田园式的简单质朴有种理想化的想象，明代作家社会风尚引领者如谢肇淛（1567—1624）、李日华（1565—1635）在描述日常必需品时常涉及茶。例如李日华强调在精致高雅的环境中，一瓯清

茗能令人获致心灵的安宁：洁一室横榻陈几其中，炉香茗瓯，萧然不杂他物，但独坐凝想，自然有清灵之气来集我身，清灵之气集，则世界恶浊之气，亦从此中渐渐消去。

——贝剑铭《茶在中国：一部宗教与文化史》

材料3　千利休，日本茶道的集大成者。在利休茶道思想汇编集《南方录》中，利休弟子南坊宗启记载：草庵茶茶道，其至要者，乃是秉持佛法，讲德修业，以求悟道……（所谓茶道）汲水、采薪、点茶；先礼佛祖，次奉他人，最后自饮；插花，焚香，凡此种种，吾辈皆以佛陀先祖大德为效法对象。除此之外，自悟是不二法门。

——梅维恒、郝也麟《茶的真实历史》

教师活动： 明末清初的画家、诗人陈洪绶的《松溪品茗图》，用线流畅迂回，刻绘细致，赋色雅丽，有"古法渊雅、静穆浑然"的格调。画面上部松枝曲折而下，其景致与人物浑然一体。由此，引导学生根据材料，探究茶叶文化交流的表现与影响。

学生活动： 阅读材料，归纳总结。

①表现：饮茶习俗蕴含了含蓄内敛的东方哲学和娴静淡雅的东方美学。各国在接受中国茶和茶文化的同时，也根据自身的风俗习惯创造出新的茶文化，例如，日本茶道、俄罗斯茶饮、英国"下午茶"，荷兰还设专门的"茶室"等。

②影响：中国的茶文化对欧美等地的日常饮食文化产生了影响，丰富了各国的物质文化生活，推进了西方社会对中国茶具的使用。

传播了中国的文化，加强了中国与世界的联系。茶叶贸易带去了中国的礼俗、情操、修身、养性等，茶叶被赋予了诸多精神上的内涵，并形成了完整的茶文化体系。

伴随着中西茶叶贸易的进行，在政治、经济领域引发了一些历史现象和事件，使得"茶叶的世纪"更加丰富多彩。

（2）服饰、钟表的传播与文化交流

教师活动： 根据对茶文化的交流发展表现的学习，引导学生结合课本，总结服饰和钟表的传播与文化交流，完成表格。

学生活动： 根据所学，完成表格。

服饰、钟表的传播与文化交流表

类别	时间	表现	文化创新
服饰	17世纪	法国传教士传播	18、20世纪将中国、日本服饰特点融入法国服装设计
	明治维新	西服在日本流行	
	民国	中山装	兼具中西服装的特点，同时体现一定的时代精神和民族特色
钟表	16世纪	由澳门传入内地	计时与传统相结合
	18世纪	进口钟表数量较多	

材料4

　　中式传统服装　　　波烈设计的名为"孔子"的服装　　20世纪30年代中国旗袍

　　材料5　东方对西方服装流行影响的案例层出不穷，特别是西方近现代的时装设计历程中，受东方服装影响较大的三个时期分别是：20世纪初期、20世纪60—70年代和20世纪末至21世纪初时期。19世纪末20世纪初是一个文化交融频繁、艺术运动活跃的年代。1919年，俄国芭蕾舞编导迪亚吉列夫所在的俄罗斯芭蕾舞团在巴黎演出芭蕾舞剧《一千零一夜》，其所具有的东方风格与现代艺术气息的服装设计和舞台背景吸引了巴黎的设计界，也深深地影响了以保罗·波烈为代表的一批时装设计师。此后保罗·波烈在时装设计中采用了许多东方的服装风格和元素特征，改变了西方时装一贯的多支点式裁剪样式，采用以肩部为支点的时装样式，其中最具代表性的是霍布尔裙、孔子衣、土耳其式裤子等样式，并将富有东方趣味的色彩和图案运用于其时装设计中。以保罗·波烈为代表的时装设计师在当时时装界的巨大影响力使这股东方风强劲地吹遍西方时装舞台，这是20世纪第一次东方影响西方时装的流行。

　　　　　　　　　　　　　　　　　　　　　　　　　　　——郭建南《时装工业导论》

　　教师活动：引导学生根据图片和文字材料，探究20世纪前后中西服饰发展所体现的文化内涵。

　　学生活动：结合材料分析。

　　①中式传统服装：中国人讲求对道德和人的本性的控制，有意弱化人体，模糊性别的差异，这也与中国人讲求中庸、和谐、顺应自然的思想理念相关。

　　②法国设计师"孔子"的服装：渗透了女性解放思想，波烈希望将女性的躯体从束缚中解放出来，而当时欧洲女性流行穿紧身服装。他受东方民族服饰启发，设计出一种新时装。

　　③20世纪30年代中国旗袍：近代改良旗袍主要受到西方文化的影响，收腰显胸，高领短袖，摆衩高开，"S"形曲线设计借鉴西方传统裙子人体美。

　　材料6　而在传统的农业社会里，由于时间尚未充分社会化，因而人们在用时、计时、守时等习惯上也比较随意和模糊。例如在钟表普及之前中国人常用的时间词汇有"掌灯时分""日出三竿""一顿饭工夫""不见不散"等模棱两可的说法。

————汪天文、王仕民《文化差异与时间观念的冲突》

材料7　清末以后，中国已有相当一部分人认识到中国人在时间观念上的缺陷。他们从身边简单计时工具的更新开始，亦步亦趋地尝试近代意义上的时间观念，开启追逐西方的"加速度模式"……同时，在这种时间观念更新的过程中，不可避免地存在着发展不平衡的层次化特点：沿海地区更新快一些，内地相对缓慢；城市更新快一些，农村相对缓慢；通商口岸更新快一些，封闭地区相对缓慢；政客、学者、商人更新快一些，农民相对缓慢。

————范雪梅《近代计时工具与生活节奏变迁》

教师活动：根据材料，引导学生思考作者的文化观念和时间观念的变化。

学生活动：思考并回答。

①文化观念变化：承认西洋文化的优秀成果，尊重文化的多样性；认识到了自己的不足；比较早地表达了各国之间文化交流的理念。

②时间观念变化：时间观念从随意模糊到逐渐精准化；从与农业生产联系紧密到逐渐适应工业文明。

【设计意图】在教师的引导下，以探究茶叶文化的发展为例，让学生进行自主学习，根据教材内容自主梳理服装和钟表的传播与文化交流的表现等知识点，形成对商品流动与文化交流国际化的系统框架。进而通过教师补充的材料，拓展探究服装和钟表的中外交流，将学生自主学习与探究性学习相结合，发挥学生的主观能动性，提升学生的历史探究性思维。

课堂小结

　　本课从"全球贸易网的形成""商品流动与文化交流国际化"两目内容出发，旨在展现近代的商路、贸易与文化交流。近代以来，在新航路开辟、殖民扩张、两次工业革命、两次世界大战、跨国公司等因素的影响下，全球贸易网逐步形成，世界贸易不断增长，国际分工进一步向广度和深度发展。这极大地推动了商品的世界性流动，促进了世界范围内的文化交流、借鉴与融合。

作业拓展

　　问题：找寻资料，研究中山装所蕴含的历史文化内涵。

　　中山装是体现一定时代精神和民族特色的服装，也是中西文化交流在服装方面的典型表现之一。通过对中山装文化内涵的了解与探究，进而展开对近代中国卷入资本主义世界市场、近代中国半殖民地半封建历史的探索，感悟爱国先辈们的抗争与奋斗，从而树立中华文化自信，增强民族自尊心与自豪感。

设计反思与讨论

　　本课内容与《中外历史纲要（下）》的内容有紧密的联系，但是相比于《中外历史纲要（下）》分散的、阶段性的讲述，本课内容更系统与全面地讲述全球贸易网的形成。由此，在教材处理方面，建议运用时间轴、表格或者思维导图等形式，整体梳理全球贸易网络的形成，帮助学生厘清逻辑思路，发展历史思辨。

　　在课堂教学中，也要突出"学生主体"地位，举一反三，鼓励学生自主探究商品流动与文化交流的具体表现，调动学生的学习积极性，活跃课堂氛围。

　　在教学方法上，以教材为基础，以课程标准为导向，运用多种形式的材料，如文字、图片、视频等史料，并通过教师的问题探究引导，让学生自己走近历史，获取历史素养的提升。

第五单元　战争与文化交锋

第 11 课　古代战争与地域文化的演变

《普通高中历史课程标准（2017 年版 2020 年修订）》要求：通过了解古代历史上的著名战争，理解战争对人类文化的破坏，以及造成的文化断裂；认识战争在客观上又为不同文化的碰撞提供了契机。

根据课标要求及教材编排，教学过程围绕两部分展开。

亚历山大远征与"希腊化时代"：利用地图梳理亚历山大远征的史实，通过史料研读的方式理解"希腊化时代"和"希腊化世界"的含义，通过对"希腊化"原因、内涵及文化成就的探讨，体会亚历山大远征给被征服地区带来破坏的同时推动了被征服地区文化和希腊文化的融合、发展。蒙古西征与东西方交流：利用地图和表格梳理蒙古三次西征的概况，结合中西文化交流的史实，体会蒙古西征对东西方交流的影响。

本课结构清晰，学生通过纲要的学习，对亚历山大帝国和蒙古帝国已有所了解，但关于战争对文化的影响，学生可能缺乏全面系统的了解，需要重点加以分析。

教学目标

1. 通过运用地图、列表格的方式梳理亚历山大东征和蒙古三次西征的基本过程，感知"希腊化世界""希腊化时代"的时空概念，培养学生的时空观念。

2. 通过展示书本插图，引入史料，理解"希腊化"的成因、内涵及文化成就，理解亚历山大东征和蒙古西征对文化的影响，培养唯物史观、史料实证、历史解释等历史核心素养。

3. 通过对战争破坏性的学习，感受战争的残酷，学会辩证看待战争，从而珍惜和平、反对战争，培养学生的家国情怀。

重点难点

1. 重点：亚历山大远征与蒙古西征对文化的影响。
2. 难点："希腊化"的含义、成因、内涵。

 教学活动过程

 导入 ▸▸▸ ┄┄

展示位于腓尼基地区西顿城（黎巴嫩南部）的亚历山大石棺。

亚历山大石棺

教师活动：引导学生探究，亚历山大石棺为什么会出现在腓尼基？石棺上的浮雕展现了什么场景？这场战争的结果如何？

【设计意图】通过展示石棺，设计一系列问题，引起学生疑问，激发学生兴趣，更好引入本课内容的学习。

导入学习任务一：亚历山大远征与"希腊化时代"

（1）征服：亚历山大远征

教师活动：展示地图，引导学生结合地图梳理亚历山大远征的过程。

学生活动：阅读课本，梳理亚历山大远征过程。

公元前 334 年，马其顿国王亚历山大率军入侵波斯。

历经 10 年征战，灭亡波斯帝国，征服从小亚细亚到印度河流域广大地区。

公元前 323 年，亚历山大去世，帝国分裂。

（2）破坏：亚历山大远征的消极影响

材料1 他亲自率领部队南下，经过7个月的艰苦战斗，攻下了推罗城，把推罗城的3万居民卖为奴隶……公元前331年，亚历山大率军穿过美索不达米亚北部，在高加米拉平原和波斯进行生死决战。大流士三世败退，被自己的部下杀死。亚历山大在巴比伦、苏萨、波斯波利斯和埃克巴坦各波斯王宫，掠夺了金银财富达15万塔兰特。公元前330年，亚历山大彻底击败了大流士的继位人，征服了整个波斯帝国。

——龚勋《世界上下五千年》

教师活动：引导学生根据材料，结合课本，概括亚历山大远征的性质及其对被征服地区产生的消极影响和具体表现。

学生活动：阅读材料，思考并回答。

①性质：其带有侵略性质。

②影响：其给被征服地区造成严重破坏，这些地区固有的文化发展进程在一定程度上被打断。

③表现：反抗马其顿统治的希腊城邦底比斯被夷为平地，居民被卖为奴；腓尼基名城推罗被攻陷后，成年男性居民几乎都被屠杀，妇女和儿童被卖为奴隶；波斯古都波斯波利斯被劫掠一空，城市被付之一炬，波斯历代国王宫殿被烧成焦土；在中亚，大量当地居民或被屠杀，或被强制迁移到亚历山大建立的城市中。

（3）融合：希腊化时代与希腊化世界

①一探"希腊化"含义。

材料2 "希腊化"一词源于希腊语，意思是"仿效希腊"。描绘这一时代的一个很恰当的说法就是，它是把希腊的文化和思想传播到东方非希腊世界的一个时代。

——杰克逊.J·斯皮瓦格尔《西方文明简史》

教师活动：引导学生根据材料思考"希腊化""希腊化时代"和"希腊化世界"的含义。

学生活动：阅读材料，思考并回答。

"希腊化"：指希腊的文化和思想传播到东方非希腊世界（地中海东部）的过程。

"希腊化时代"：属时间概念，指公元前334年亚历山大远征到罗马最终征服托勒密王国这段近300年的时间。

"希腊化世界"：属空间概念，指亚历山大帝国分裂为托勒密王国、塞琉古王国和马其顿王国这三个国家。

②二探"希腊化"成因。

材料3 从印度返回后，亚历山大就着手以混合马其顿人和波斯人为军团的方法重组军队。亚历山大还采纳了波斯人的服饰……亚历山大采取了一项非常大手笔的文化融合举措。这时亚历山大娶了大流士的女儿为妻（亚历山大的另一位妻子是巴克特里亚公主克罗珊娜），由他主持让

9000 名士兵娶东方妇女为妻子。这就是著名的"东西方联姻"。

——J.M. 罗伯茨、O.A. 维斯塔德《企鹅全球史：古典时代》

材料 4

战场上头戴狮皮盔的亚历山大

大赫拉克勒斯（古希腊神话中的大力神）

材料 5　亚历山大远征军主要由马其顿人和希腊雇佣兵组成，亚历山大在东方的远征中至少留下了 36000 名希腊雇佣兵，让他们在各处定居下来。他们都是希腊文明的载体。东征中还有许多随军学者，包括工程师、地理学家、测绘师、哲学家、历史学家、艺术家等，他们沿途搜集了大量东方各国的政治、经济以及民情风俗方面的资料，他们与当地人交流来往，使东西方文化互相补充。

——李丽玲《浅析亚历山大统治政策与希腊化文明的形成》

教师活动：引导学生根据材料、课本分组讨论：亚历山大统治期间采取了怎样的文化融合政策推动"希腊化世界"的出现？具体表现在哪些方面？除此之外，"希腊化世界"出现还有哪些原因？

学生活动：阅读材料和课本，思考、讨论并回答。

文化融合政策：试图以希腊文化为主导，融合埃及和西亚文化。

具体表现：在埃及，自称法老之子（宣示政权的合法性和正统性）；在波斯，以波斯帝国正统继承人自居，穿波斯服装，沿用波斯帝国制度，任用波斯人为官员，推广波斯礼仪，鼓励马其顿人和波斯人通婚，以马其顿的方式训练波斯士兵。

其他原因：远征军由来自希腊和马其顿各行业的人组成；亚历山大对希腊文化的推崇；希腊化世界中希腊人和马其顿人融合，垄断高级官职，成为希腊化各国的统治者，保持着希腊人的生活方式；被征服地区原有的上层人士不同程度地接受了希腊文化；希腊文化中心东移，亚历山大城、安条克和帕加马成为新的希腊文化中心；托勒密埃及鼓励文化发展，修建缪斯宫。

③三探"希腊化"内涵

材料 6　亚历山大及其继承者在东方的土地上建立了 300 多座希腊城市，在每一座城市中都建有希腊式的剧场和体育场，而希腊的巡回演出剧团则定期在这些城市的剧场中上演希腊的悲剧和喜剧。

——赵林《西方文化概论》

材料 7　公元 40 年还以高龄活着的亚历山大城的犹太人斐洛，是基督教的真正父亲。在斐洛名下流传到现在的许多著作，实际上是讽喻体的唯理论的犹太传说和希腊哲学即斯多亚学派哲学的混合物。这种西方观点和东方观点的调和，已经包含着基督教全部的本质观念——原罪、逻各斯（这个词是神所有的并且本身就是神，它是神与人之间的中介）、不是用牺牲而是把自己的心奉献给神的忏悔。

——恩格斯《布鲁诺·鲍威尔和早期基督教》

材料 8　公元前 198 年，巴勒斯坦被塞琉古王国占领。塞琉古王国的统治者推行希腊化政策，向当地的犹太人征收重税，引起犹太人的强烈不满。公元前 168 年，犹太祭祀马卡比发动起义，以灵活的战术与塞琉古周旋，同时积极争取外部支持，与罗马结成同盟。公元前 165 年，犹太人基本赢得独立，传统的犹太文化继续发展。

——《历史 选择性必修 3·文化交流与传播》

教师活动：引导学生根据材料、课本思考："希腊化"仅仅是"仿效希腊"吗？"希腊化"是否受到被征服地区的普遍欢迎？

学生活动：阅读材料和课本，思考并回答。

不是。"希腊化"时代的文化是希腊文化与西亚、北非等地的文化相互影响的产物；"希腊化"主要在统治阶级中传播，普通民众对希腊人和马其顿人的统治并不满意；广大乡村地区仍保持原有文化，西亚、北非的文化仍在"希腊化"世界保持长期影响。

④四探"希腊化"文化成就

教师活动：引导学生结合课本思考："希腊化"时代在各种文化的碰撞和交流中取得哪些成就？

学生活动：阅读课本，梳理成就。

文学：系统整理和研究了《荷马史诗》和古希腊悲剧、史学等。

数学：欧几里得编写《几何原本》。

物理：阿基米德提出著名的物理学定理。

地理：埃拉托斯提尼对地球周长做了精确的计算。

医学：医生通过解剖对人体的神经系统及消化系统进行了基础研究。

【设计意图】分征服、破坏、融合三部分整合书本内容，重点探讨"希腊化"，通过设计环环相扣的问题链，引导学生通过史料解读、深度思考，全面客观看待"希腊化"，提升学生历史解释、史料实证、唯物史观等素养。

导入学习任务二：蒙古西征与东西方交流

（1）征服：蒙古三次西征

教师活动：引导学生结合课本中的《蒙古军队西征示意图》，梳理蒙古三次西征路线，完成表格。

学生活动：阅读书本完成表格，并结合地图演示西征路线。

蒙古三次西征

三次西征	时　间	概　　况
第一次	1218年	成吉思汗以复仇为由灭掉花剌子模国，蒙古军队直抵黑海北岸
第二次	1234年灭金后	征服今俄罗斯、乌克兰地区的诸多公国和部族，一直打到今德国、匈牙利
第三次	13世纪中叶	以西亚地区为目标，攻占巴格达

（2）破坏：蒙古西征的消极影响

材料1　蒙古军攻陷阿拉伯帝国首都巴格达，哈里发出城投降，被装入袋中，纵马踏死。历时500余年的阿拔斯王朝阿拉伯帝国灭亡。蒙古军队在城中烧杀劫掠7日之久，80万居民几乎被屠杀殆尽，许多艺术珍品和建筑遭到毁灭，历史名城巴格达蒙受了一场空前的浩劫。

——雷纳·格鲁塞《草原帝国》

教师活动：引导学生根据材料，结合课本，概括蒙古西征的消极影响。

学生活动：阅读材料，思考并回答。

消极影响：被征服地区的社会经济遭严重破坏。

（3）融合：蒙古西征的积极影响

材料2　中国的绘画和波斯的绘画彼此相识并交流。马可·波罗得知了释迦牟尼，北京有了天主教总主教……从蒙古人传播文化这一点说，差不多和罗马人传播文化一样有利。对于世界的贡献只有好望角的发现和美洲的发现，才能够在这一点上与之相似。

——雷纳·格鲁塞《蒙古帝国史》

教师活动：引导学生根据材料，结合课本思考并概括蒙古西征的积极影响。

学生活动：阅读材料，思考并回答。

①客观上推动东西方文化交流（传教士、马可·波罗、列班·扫马）。

②引发较大规模的民族迁徙（蒙古军队西迁，移民东迁），使亚欧内陆民族分布产生变化，文化面貌有所改变。

【设计意图】沿用征服、破坏、融合三部曲形式，帮助学生形成对战争的学习模式。通过结合地图演示蒙古西征路线，强化时空观念。通过史料分析，感受蒙古西征所带来的影响，学会辩证地看待、分析问题。

课堂小结

> 亚历山大远征、蒙古西征给被征服地区带来灾难，但客观上促进文化的融合与发展。对于文化传播来说，战争是一种野蛮的方式，付出的代价过于惨重。今天，我们要用和平的方式与各国进行文化交流，我们要珍惜和平，远离战争。

作业拓展

> 查找资料，了解波斯帝国、阿拉伯帝国等古代世界其他帝国在对外扩张中给被征服地区的文化带去的影响，进一步感受战争在文化交流、发展中所扮演的角色。

 设计反思与讨论

在教材处理上，本课结构清晰，按征服、破坏、融合三部曲整合书本内容，重点放在"希腊化"原因及内涵的探讨上，让学生对"希腊化"形成一个全面的认识，感受亚历山大远征所带来的文化影响。

在教学方法上，采取多种形式，如史料研读、小组讨论等，通过环环相扣的问题设计，有利于帮助学生形成思维路径，提升学生的思维品质。

本教学设计体现核心素养理念。本课旨在培养和提高学生的历史学科核心素养，注重时空观念、史料实证和历史解释的落实，帮助学生学会用唯物史观分析问题。通过感受亚历山大远征和蒙古西征给当地带来的灾难，体会战争的危害，珍惜今天的和平生活。

在实际教学中，可能会出现头重脚轻的问题，第一部分亚历山大远征与"希腊化时代"引入的材料、设计的问题较多，第二部分蒙古西征与东西方交流的内容过于单薄。

第12课 近代战争与西方文化的扩张

 **设计思路**

《普通高中历史课程标准（2017年版2020年修订）》要求：通过了解近代历史上的著名战争，理解战争对人类文化的破坏，以及造成的文化断裂；认识战争在客观上又为不同文化的碰撞提供了契机。

根据课标要求及教材编排，教学过程围绕三部分展开。

独立战争后的美国文化与拉丁美洲文化：运用史料梳理独立战争前后美国文化和拉丁美洲文化多样性的具体表现，归纳其特征，并通过比较美国和拉丁美洲文化的异同及分析其原因，提升学生的思维品质和学科核心素养。拿破仑战争后欧洲文化的重构：通过研读史料和课本，理解拿破仑战争后欧洲文化重构的原因及表现，正确认识拿破仑战争对欧洲的双重影响，落实唯物史观等核心素养。欧洲殖民者的文化侵略：以近代中国、印度和埃及为例，在应对欧洲殖民者文化侵略的过程中，被殖民者不同程度接受外来文化，但也努力保护传统文化，使自身文化呈现新的多样性。

本课涉及的近代战争，对于高二同学来说并不陌生，但对于这些战争及欧洲殖民者的文化侵略对被侵略民族文化产生的双重影响，可能相对陌生，需加以引导和分析。

 **教学目标**

1.通过研读史料总结独立战争前后美国和拉丁美洲文化的具体表现、拿破仑战争后欧洲文化重构表现、被侵略民族文化多样性的表现，培养时空观念、唯物史观、史料实证等历史核心素养。

2.通过比较分析，深入研读史料，比较独立战争前后美国和拉丁美洲各具特色多元性文化的异同及原因，分析拿破仑战争后欧洲文化重构的原因，辩证认识西方殖民主义的双重性影响等，提升历史解释等历史核心素养。

3.通过学习，感受人类文化的多样性，用更包容的心态对待外来文化，反对任何形式的文化侵略；感受战争对文化发展的双重影响，树立珍爱和平、反对战争的思想，提升家国情怀。

重点难点

1.重点：独立战争后美国、拉丁美洲文化多元性的表现；拿破仑战争后欧洲文化重构的原因、表现；被侵略民族应对文化侵略过程中自身文化呈现的新的多样性。

2.难点：辩证理解近代战争和欧洲殖民者的文化侵略对美国、拉丁美洲、欧洲文化的影响。

 教学活动过程

 导入 >>>

教师展示美国自由女神像图片。

美国自由女神像

教师活动：自由女神像是美国地标性建筑，她身穿古希腊风格的服装，头戴光芒四射的冠冕，七道尖芒象征着七大洲。右手高举象征自由的火炬，左手捧着《独立宣言》；脚下是打碎的手铐、脚镣和锁链，象征着挣脱暴政的约束和自由。自由女神像表达了美国人民争取民主、自由的崇高理想，成为美国文化的重要符号之一。那美国的文化还有哪些？如何形成？让我们一起走进今天的课堂。

【设计意图】从学生熟悉的自由女神像导入，激发学生的学习兴趣，让学生初步感受美国文化，引入本课的学习。

导入学习任务一：独立战争后的美国文化与拉丁美洲文化

（1）独立战争前后的美国文化

材料1　美国是一个由移民组成的国家，美利坚民族是一个由许多民族（或种族）组合而成的民族。北美大陆地沃人稀、资源丰富。经过多年的艰苦努力，早期移民靠勤奋求实的开拓精神……他们重视个人价值，提倡信仰自由……于是美国白人大肆宣扬"白人优越论"，对印第安人、黑人等有色人种推行种族歧视政策。

——崔缨《简论早期移民对美利坚民族性格的影响》

材料2　那些年轻的边疆拓殖者采用长达大腿的绑腿，用印第安人的短裤取代原来的衬裤，他们还喜爱鹿皮装,因而得名"穿鹿皮装的人"。弗吉尼亚边远地区的年轻人很喜欢印第安人式样的服装,甚至穿着去教堂,一些民兵也仿效印第安人武士的装束。在印第安人中从事"文明开化"的传教士,权力引导印第安人改穿白人的衬衣、外套、裤子和鞋。

——李剑鸣《美国的奠基时代:1585—1775》

材料3 我们在上帝面前共同立誓签约,自愿结为一民众自治团体。为了使上述目的能得到更好的实施、维护和发展,将来不时依此而制定颁布的被认为是对这个殖民地全体人民都最适合、最方便的法律、法规、条令、宪章和公职,我们都保证遵守和服从。

——1620 年 11 月 11 日《五月花号公约》

教师活动:引导学生根据材料并结合课本,整理独立战争前美国文化的具体表现及其特点。

学生活动:阅读、思考并回答问题。

①独立战争前美国文化具体表现:

种族、血统和宗教:具有多源性和多样性。

精神:地方自治、勤俭务实、重视教育和创造精神。

语言:美式英语。

饮食文化、艺术生活:融入印第安人和黑人的因素。

居民共同名称:美利坚人。

局限:白人种族歧视和文化优越感根深蒂固。

②独立战争前美国文化的特点:各种文化相互融合和混合,形成多元特征;有别于英国,已形成美国特色的文化,美利坚民族初步形成。

材料4 人人生而平等,造物者赋予他们若干不可剥夺的权利,其中包括生命权、自由权和追求幸福的权利。为了保障这些权利,人类才在他们之间建立政府……当任何形式的政府损害这些权利时,人民有权更换和废除这一政府,以建立新政府。

——1776 年《独立宣言》

材料5 1787 年宪法强调加强国家权利,又在权利结构中突出"分权与制衡"的原则,以避免权力过于集中,体现了一定的民主精神。其内容是:立法、司法与行政权三权分立。分权制衡的核心精神在于权力平衡。通过分权、制约最终达到平衡,是宪政的最终目标。

——何勤华《外国法制史》

材料6 ……并且新英格兰人只因他们自己耕作自己的土地,所以非难奴隶制度,而弗吉尼亚与南部的英国人在经营种植园,并且役使越来越多的从非洲来的黑人奴隶。

——詹尼特·里博尔德·本顿、罗伯特·笛亚尼《人类文明简史》

教师活动:美国独立战争直接推动美利坚民族和美利坚文化形成。请同学结合材料和课本思考独立战争后的美国文化的具体表现及其特点。

学生活动:思考并回答问题。

独立战争后美国文化的具体表现:政治上 1787 年宪法使北美大陆出现第一个以启蒙思想家的理论为指导建立的联邦制共和国,权力制衡原则成为美国政治文化的组成部分;精神上追求自由，自由女神像成为美国文化的重要符号之一；发展种植园经济和继续实行奴隶制，与美利坚主流文化相违背，是美国历史上最黑暗的一面。

独立战争后美国文化的特点：民主、自由成为美利坚主流文化，但存在黑暗面。

（2）独立战争前后的拉丁美洲文化

材料 7

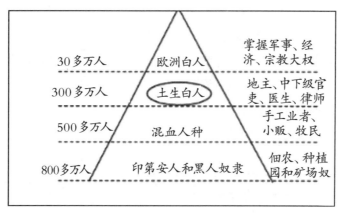

拉美殖民地社会阶层示意图

教师活动：引导学生结合材料思考拉丁美洲名称由来及其社会阶层状况等，总结独立战争前拉丁美洲文化的具体表现及特征。

学生活动：思考并回答问题。

①名称由来：拉丁美洲指美国以南的所有美洲地区，长期沦为西班牙和葡萄牙的殖民地，以西班牙语和葡萄牙语为官方语言。西班牙语和葡萄牙语属拉丁语系，故称拉丁美洲。

②社会阶层：有欧洲白人、土生白人、混血人种、印第安人、黑人等。

③文化表现：种族融合普遍，形成等级分明的"混血社会"；天主教是主要宗教；拉丁语是主要语言；拉丁舞是重要文化符号之一；偏远地区印第安人保留他们的生活方式和文化传统。

④文化特征：以西班牙、葡萄牙文化为主体，文化多元性明显。

材料 8　由于 19 世纪初，拉丁美洲仍是一个封建主义的殖民地社会。1810—1826 年独立战争的领导人们，向往社会进步和自由，放弃了已有的家产和奴隶，提出了解放奴隶，取消对印第安人的人头税和劳役制，废除教会特权，鼓励自由贸易等进步主张。

——赵长华《论 1810—1826 年拉丁美洲独立战争的性质》

材料 9　西班牙最初的 8 个殖民地这时变成了至少 18 个独立的国家：过去的拉普拉塔联邦总督辖区已变成阿根廷、巴拉圭、玻利维亚和乌拉圭诸独立的共和国……不过，几乎所有这些拉丁美洲的"革命"仅仅是名义上的革命。拉丁美洲大多数所谓的"革命"只不过是一个军事独裁者取代另一个军事独裁者，并没有从根本上改变原有的秩序。

——斯塔夫里阿诺斯《全球通史：1500 年以后的世界》

教师活动：引导学生结合材料和课本，梳理拉丁美洲独立战争概况，总结独立战争后拉丁美洲文化的具体表现及其特征。

学生活动：思考并回答问题。

19世纪上半叶拉丁美洲独立运动概况：①法属殖民地海地：由黑人领导。②西属殖民地：土生白人成为革命的主要领导者，独立后建立了15个共和国。③葡属巴西：1889年由帝国变成合众国。

独立战争后拉丁美洲文化的具体表现：政治上颁布宪法，建立共和制；经济上取消奴隶贸易、奴隶制，取消印第安人的人头税和强制劳役。局限：对黑人和印第安人的种族压迫和歧视仍存在，形成考迪罗独裁权力——独立后拉美政治文化特征之一。

独立战争后拉丁美洲文化的特征：追求民主法治、自由平等，但形成独裁权力。

教师活动：引导学生结合所学分组讨论独立战争前后美国文化和拉丁美洲文化的异同，完成表格，并进一步思考出现不同的主要原因。

学生活动：思考、讨论并回答问题。

美国文化与拉丁美洲文化的异同

比较项	美国文化	拉丁美洲文化
种 族	白人、黑人、印第安人 融合较少，不是混血社会	白人、黑人、印第安人 融合较多，形成混血社会
宗 教	多种信仰	多种信仰，天主教为主要宗教，仍保留印第安人的多神信仰
语 言	美式英语	拉丁语、印第安语
政治文化	权力制衡	考迪罗独裁权力
文化符号	自由女神像	拉丁舞
局 限	发展种植园经济和继续实行奴隶制	对黑人与印第安人的种族压迫和歧视

原因：美国长期受英国殖民统治，移植了英国的资本主义生产方式、制度等，资本主义经济发展较快；拉丁美洲长期受仍是封建专制国家的葡萄牙、西班牙的殖民统治，资本主义经济发展缓慢。

【设计意图】通过史料解读的方式概括独立战争前后美国和拉丁美洲文化的具体表现，提升史料实证、历史解释等素养。通过比较美国文化和拉丁美洲文化的异同，加深对两者文化多样性的理解。通过分析两者文化出现差异的原因，让学生学会用唯物史观分析、解决问题。

导入学习任务二：拿破仑战争后欧洲文化的重构

（1）拿破仑战争后欧洲文化重构的原因

材料1 拿破仑在其所有征服地区贯彻法国革命的一些基本原则。他废除封建制度和农奴制，承认所有公民的平等，实施其著名的法典。这些改革意味着进步，或至少意味着维新。虽然各地极为不安的既得利益集团反对这些变革，但变革也在许多地方得到普遍的支持。

——斯塔夫里阿诺斯《全球通史：1500年以后的世界》

材料2 这场革命（法国大革命）的效果就是摧毁若干世纪以来绝对统治欧洲大部分人民的、通常被称为封建制的那些政治制度，代之以更一致、更简单、以人人地位平等为基础的社会政治秩序。

——托克维尔《旧制度与大革命》

材料3 拿破仑战争的侵略性亦带来一个相对新鲜及持续增强的运动——民族主义。民族主义将会塑造未来欧洲历史的轨道，它的成长注定了一些国家的开始及另一些国家的结束。欧洲的版图亦在拿破仑时代后一个世纪发生了剧烈的转变。这种转变并非基于封地及贵族，而是基于人文、民族起源和民族思想。拿破仑在欧洲的统治时，将城邦和王公领土合并，播下了日后德意志及意大利建立民族一统国家的种子。

——谢国良《拿破仑战争》

教师活动：引导学生结合材料和课本，思考拿破仑战争后欧洲文化重构的原因。

学生活动：思考并回答问题。

拿破仑战争后欧洲文化重构的原因：17—18世纪，欧洲大多数国家仍处于封建统治之下；拿破仑战争传播法国资产阶级革命成果，废除封建贵族特权，推行《拿破仑法典》传播启蒙思想，受到革命者的欢迎；同时拿破仑压迫被征服地区、掠夺财富、摊派兵役，引起当地人不满，在反抗法国征服中欧洲民主意识和民族独立要求高涨。所以，拿破仑战争后，封建、专制成为众矢之的，民主、自由、平等、法治成为欧洲的普遍诉求，欧洲文化得以重构。

（2）拿破仑战争后欧洲文化重构的表现

教师活动：引导学生阅读课本，完成欧洲文化重构代表性事件的表格。

学生活动：思考并完成表格。

拿破仑战争后欧洲文化重构的代表性事件

国 家	概 况	追求目标	结 果
俄 国	1825年爆发十二月党人起义，试图推翻沙皇专制和农奴制	反对封建专制	起义尽管失败，但在俄国传播了革命主张
波 兰	1830年华沙起义	争取民族独立	被镇压，但推动波兰的民族解放斗争
德意志	普鲁士：进行并不彻底的废除农奴制改革 1848年奥地利和普鲁士革命：要求国家独立统一、制定宪法	争取民族统一	1848年革命虽失败，但德意志的统一之势不可阻挡

【设计意图】通过史料解读，分析、理解拿破仑战争后欧洲文化重构的原因，辩证看待拿破仑战争给欧洲大陆带来的双重影响，突破教学重、难点，提升历史解释等核心素养。

导入学习任务三：欧洲殖民者的文化侵略

（1）文化侵略的含义及影响

教师活动： 解释文化侵略的概念，引导学生思考近代欧洲殖民者文化侵略的内容及其带来的影响。

学生活动： 思考并回答。

近代欧洲殖民者进行文化侵略的内容：向被殖民地区输出民主、自由、人权等价值观及基督教，改造甚至消灭后者的文化，淡化后者的民族意识，达到殖民目的。

近代欧洲殖民者进行文化侵略的影响：客观上促进西方自由、民主、人权等思想的传播，激发了被压迫民族的民族民主意识；被侵略民族不仅不同程度地接受外来文化，而且努力保护自己的传统文化，自身文化呈现出新的多样性。

（2）被侵略民族文化多样性的表现

材料1　近代中国社会精英在与西方侵略者的抗争中，一方面接受外来文化，另一方面，努力保护传统文化，最终使得中西文化在博弈中融合。

——熊月之《中国近代民主思想史》

材料2　近200年的统治，英国在印度建立的殖民统治体系打破了印度传统封建制度，为建立资产阶级议会民主制奠定了基础；经济变动和社会立法冲击了传统的社会组织机构，使延续千年的封建专制和等级制度的基础——村社和种姓制度开始瓦解，而资产阶级平等观念的传播是对传统观念的严重冲击；近代教育的发展引进了西方的知识和价值观，使掌握资产阶级思想和近代科学技术的知识分子大增。

——陆梅《从印度的变迁看英国殖民统治者的历史使命》

教师活动： 引导学生结合材料、阅读课本，梳理近代中国、印度、埃及在应对欧洲殖民的文化侵略时形成文化多样性的具体表现并完成表格。

学生活动： 思考并完成表格。

近代中国、印度、埃及文化多样性的表现

国　家	接受外来文化	保留传统文化
中　国	向西方学习器物、政治制度、思想文化	谋求国家独立、反洋教
印　度	英语、法律、政府体制、文官制度	反抗英国殖民统治，提出"印度人的印度"；印度教、伊斯兰教仍是主要宗教；种姓制度虽废除，但仍扮演重要角色
埃　及	实行君主立宪制	伊斯兰教仍是主要宗教 阿拉伯民族的传统生活方式保留

【设计意图】引导学生解读文化侵略的历史概念，了解欧洲殖民者文化侵略的目的、内容和手段，理解被侵略国家在认识外来文化和反思本土文化时的选择和重构，感受被侵略国家文化的多样性。

课堂小结

美国及拉丁美洲的独立战争、拿破仑战争以及欧洲殖民者的文化侵略，推动了自由、民主、平等等西方文化的扩张，促进不同文化间的碰撞与交流，人们在反思、吸收外来文化和反思本土文化的精神阵痛中，或主动或被动地对文化进行选择与重构，推动文化多样性的形成。但战争是残酷的，我们要反对战争，维护和平；要树立开放包容的意识，积极吸收外来先进文化，发展完善自身文化；还要坚定文化自信，并反对一切形式的文化侵略。

作业拓展

近代中国多灾多难，遭到列强的一次又一次侵略。结合中国近代史相关史实，具体说明近代侵华战争给中国带来哪些灾难，客观上又是如何推动中国进步的。

 设计反思与讨论

本课内容涉及近代战争较多，课前引导学习复习回忆《中外历史纲要》的相关内容，课堂上将重点放在战争所带来的文化影响上，体会美国、拉丁美洲、欧洲及被侵略国家文化的多样性及分析其多样性的原因。

教学方法上，通过文字、图片等史料创设情景，提出问题，学生通过解读史料、小组合作探究等方式分析问题、解决问题，提升历史的学习能力。

教学中注重核心素养的落实。本课通过史料研读的方式提升学生时空观念、史料实证和历史解释的能力，学会用唯物史观分析问题。同时通过学习，感受人类文化的多样性，用更包容的心态对待外来文化，反对任何形式的文化侵略，树立珍爱和平、反对战争的思想。

在实际教学中，过多引入史料，会让学生略感枯燥，可以适当引入一些学生感兴趣的内容如美国感恩节来历、观看拉丁舞视频等，激发学生学习热情。

第13课　现代战争与不同文化的碰撞与交流

 设计思路

《普通高中历史课程标准（2017年版2020年修订）》要求：通过了解历史上的著名战争，理解战争对人类文化的破坏，以及造成的文化断裂；认识战争在客观上又为不同文化的碰撞提供了契机。教材由第一次世界大战与民族民主意识的觉醒、第二次世界大战与世界殖民体系的瓦解、第二次世界大战后新兴民族国家的文化发展三个子目组成，三子目内容依次递进，两次世界大战促进了西方文化的扩张和新兴民族国家文化的发展。

本课教学设计以两次世界大战推动西方文化与各地民族文化碰撞和交流为主题。西方文化成为两次世界大战后兴起的两次民族民主运动高潮的思想武器，随着西方文化的扩张和新兴民族国家的建立，各国民族文化与西方文化碰撞、交流，产生了西方文化与各国民族文化结合的新文化。在遵循教材编写和历史发展逻辑的基础上，进一步提炼升华本课主题，激发学生思维，培养学生历史学科的核心素养。

对于本课前两子目内容——两次世界大战及20世纪两次民族民主运动高潮，学生在初中和高一阶段已学过，可以在学生回顾整理旧知的基础上，突出西方自由主义、民族主义和社会主义思想的传播及影响。对于第三子目内容——第二次世界大战后新兴民族国家的文化发展，学生比较有新鲜感，可以引导学生对各国现代文化发展进程中一些典型现象进行具体分析，认识西方文化和各国民族文化的碰撞、交流与融合。

教学目标

1.利用图表整理20世纪两次民族民主运动高潮的基本概况，培养学生的时空观念。

2.补充相关材料，说明第二次世界大战后新兴民族国家文化发展的特点，并分析其成因，培养学生的史料实证和历史解释素养。

3.组织和运用典型材料，阐释两次世界大战对殖民地、半殖民地的影响，并比较两次世界大战对文化碰撞与交流的不同影响。

4.通过了解西方文化在20世纪两次民族民主运动高潮中的作用，以及新兴民族国家文化发展的特点，认识文化发展的同质化和多样性，培养学生的家国情怀。

重点难点

1. 重点：两次世界大战与民族民主意识的觉醒；第二次世界大战后新兴民族国家的文化发展。
2. 难点：文化发展的同质化和多样性。

教学活动过程

导入 ❯❯❯

教师展示材料：

材料 1

甘地为抵制英货，带头摇纺车纺纱

材料 2　圣雄甘地曾对他的印度同胞说："最重要的是，我们都是大英帝国的英国公民。当英国人如今在为了维护人类尊严、文明的良善与荣耀的正义事业而战时……我们的职责是明确的：尽全力支持英国人，为了我们的生命与财产而战。"

——简·伯班克、弗雷德里克·库珀《世界帝国史：权力与差异政治》

要求学生根据材料并结合所学知识思考，指出"一战"后甘地对英国的态度发生了什么变化，并说说甘地思想的特点。

【设计意图】利用两则材料导入，使学生熟知的甘地及其领导的非暴力不合作运动与第一次世界大战中甘地对英国的态度形成强烈反差，认识印度民族意识的觉醒及其特色，有助于激发学生学习的兴趣，直接导入本课的学习。

导入学习任务一：第一次世界大战与民族民主意识的觉醒

（1）第一次世界大战后欧洲新兴的民族国家

材料1 获胜大国重建世界秩序的种种努力并未终结诸帝国，而仅是终结了作为战败方的帝国。战后的和平会谈安排了一场关于"民族自决"问题的装腔作势式的辩论，而这种"民族自决"是被有选择性地施行的，并不适用于法国、英国、荷兰、比利时和美国的殖民地。在欧洲，"和平"只不过是把一种不稳定的格局变为一种更不稳定的格局，即若干帝国与若干被认定的民族国家的混合体。强制肢解某些帝国使得它们的许多居民愤愤不平于帝国权威的丧失，而分布于其他国家的众多民族同胞被没收了财产并被遣返回一个他们从未生活过的故乡。

——简·伯班克、弗雷德里克·库珀《世界帝国史：权力与差异政治》

教师活动： 指导学生观察教学挂图，找出第一次世界大战后欧洲被肢解的帝国和新兴的民族国家，并根据材料1分析由此形成的国际格局的局限性。

学生活动： 观察地图，阅读材料，思考回答问题。

①被肢解的帝国：俄罗斯帝国、奥匈帝国、德意志帝国和奥斯曼帝国。

②新兴民族国家：芬兰、爱沙尼亚、拉脱维亚、立陶宛、奥地利、捷克斯洛伐克、波兰、匈牙利、南斯拉夫等。

③局限性：战胜国以强权主义原则建立；民族自决原则是有选择性的；造成国际格局的不稳定。

（2）20世纪第一次民族民主运动高潮

教师活动： 指导学生观察地图，根据教材并结合高一所学内容，设计表格。

学生活动： 观察地图，阅读教材，填写表格。

20世纪第一次民族民主运动高潮简表

时 间	所在大洲	国家或地区	主要事件	影 响
第一次世界大战后	亚洲	中国	新民主主义革命兴起	世界殖民体系开始解体
		法属印度支那	越南反法战争	
		印度尼西亚	反荷民族大起义	
		印度	非暴力不合作运动	
	非洲	埃及	宣布为独立的君主立宪国家	
		埃塞俄比亚	抗意战争	
	拉丁美洲	尼加拉瓜	桑地诺抗美斗争	
		墨西哥	卡德纳斯改革	

（3）西方的衰落与成功

材料2　1914年以来的几十年中，西方一面在衰落一面又在获得成功。实际上，这两种表面对立的趋势正在互相加强。由于全球前所未有的一体化，西方的技术、观念和制度一直在以加速度扩散，从而使其影响的强烈程度上升到一个新高度。但是，正是这一新的成功，逐渐削弱了1914年以前似乎不可侵犯的世界霸权。诸殖民地民族通过有选择地采纳西方文明来对西方进行更有效的抵抗。

——斯塔夫里阿诺斯《全球通史：1500年以后的世界》

材料3　一位法国官员评论道："参与第一次世界大战中的这17.5万非洲士兵，在法兰西和佛兰德的壕沟里掘好了旧非洲的坟墓。"

法国驻印度支那总督于1926年写道："这场把欧洲浸润在血泊中的战争已经……唤醒了远离我们的土地上人民的独立意识……过去几年里，一切都变了。不论是人还是思想，就连亚洲本身都变了。"

——斯塔夫里阿诺斯《全球分裂：第三世界的历史进程》

教师活动：指导学生阅读材料与教材，组织学生围绕"第一次世界大战后欧洲是衰落还是成功"展开辩论。

学生活动：收集、阅读、整理材料，分工合作，在课堂上进行辩论赛。

"成功"方：西方文化（民族主义、自由主义、社会主义）的传播；20世纪第一次民族民主运动的高潮；委任统治等。

"衰落"方：经济衰落（海外投资减少、债务增加、工业破坏等）；政治危机（美国总统威尔逊"十四点计划"、俄国十月革命）；对殖民地控制的削弱等。

【设计意图】利用地图，制作表格，整理20世纪第一次民族民主运动高潮的概况，培养学生的时空观念；通过课堂辩论，辩证认识第一次世界大战对欧洲及殖民地、半殖民地的影响，培养学生唯物史观与历史解释素养。

导入学习任务二：第二次世界大战与世界殖民体系的瓦解

（1）20世纪第二次民族民主运动高潮

材料1　1960年，英国首相麦克米伦访问非洲，他不无感慨地说："变革之风已经吹遍这个大陆，不管我们喜不喜欢，民族意识的这种增长是个政治事实。我们大家都必须承认这个事实，并且在制定国家政策时把它考虑进去。"

——《历史 选择性必修3·文化交流与传播》

教师活动：指导学生观察地图，根据教材并结合高一所学内容设计表格。

学生活动：观察地图，阅读教材，填写表格。

20 世纪第二次民族民主运动高潮简表

时 间	所在大洲	独立国家	主要事件	影 响
第二次世界大战后	亚洲	朝鲜	朝鲜独立	世界殖民体系最终瓦解
		中国	中华人民共和国成立	
		印度	印巴分治	
	非洲	埃及	收回苏伊士运河主权	
		阿尔及利亚	签署《埃维昂协议》	
		纳米比亚	纳米比亚独立	
	拉丁美洲	古巴	推翻美国傀儡政权	
			宣布成为社会主义国家	
		巴拿马	收回巴拿马运河主权	

（2）民族自决原则的进一步确立

材料2 尊重各民族自由选择其所赖以生存的政府形式的权利。各民族中的主权和自治权有横遭剥夺者，两国俱欲设法予以恢复。

——《大西洋宪章》（1941 年 8 月）

材料3 协助从纳粹德国统治下获得解放的各国人民，以及欧洲的前轴心附庸国人民，用民主方式解决他们迫切的政治问题和经济问题……要和其他爱好自由的各国合作以建立一种在法治下的世界秩序，致力于全人类的和平、安全、自由与普遍的福利。

——《关于被解放的欧洲的宣言》（1945 年 2 月）

材料4 发展国际间以尊重人民平等权利及自决原则为根据之友好关系，并采取其他适当办法，以增强普遍和平。

促成国际合作，以解决国际间属于经济、社会、文化及人类福利性质之国际问题，且不分种族、性别、语言或宗教，增进并激励对于全体人类之人权及基本自由之尊重。

——《联合国宪章》（1945 年 6 月）

教师活动：引导学生阅读材料，分析民族自决原则进一步确立的原因、过程及影响。

学生活动：阅读材料，思考回答。

①原因：为了彻底打败法西斯侵略；建立战后国际秩序；维护世界和平与安全。

②过程：1941 年，英、美两国首脑签订《大西洋宪章》，提出尊重各民族自由选择的权利；1942 年，以美、英、苏、中为首的 26 国签署《联合国家宣言》，建立世界反法西斯同盟；1943—1945 年，反法西斯同盟国的首脑相继在开罗、德黑兰、雅尔塔和波茨坦等地召开会议，缔结了一系列条约和协定，原则上承认民族自决原则；1945 年，旧金山会议把民族自决原则写入了《联合国宪章》。

③影响：加快了反法西斯战争的胜利进程；促进了世界殖民体系的瓦解；建立了以维护世界和平与发展为目标的雅尔塔体系。

（3）世界殖民体系的瓦解

材料5　第一次世界大战终结了某些帝国并撼动了其他帝国，但是胜利的帝国列强有能力重申它们的正统性并增添新的领土。截至20世纪30年代，帝国缔造者们的勃勃野心正再一次撕碎世界。第二次世界大战导致德国、日本的失败以及法国、英国与荷兰诸帝国的削弱；这一时刻可能被视为是帝国终结的开始。

——简·伯班克、弗雷德里克·库珀《世界帝国史：权力与差异政治》

材料6　这一定程度上是因为工厂为他们提供了就业机会，公路使他们不再与世隔绝。但同样重要的是小报、收音机和电影等新的传播工具，它们使书籍和旅行这类旧的传播媒介黯然失色。由于西方化越来越依靠的不是牛津的大学和巴黎的沙龙，而是对乡村广场上不识字但却反应迅速的群众大声播送消息的喇叭，西方化已获得了巨大的推动力。

——斯塔夫里阿诺斯《全球通史：1500年以后的世界》

教师活动：指导学生阅读材料，探究第二次世界大战后世界殖民体系瓦解的原因。

学生活动：阅读材料，结合教材，思考回答。

原因：民族自决原则的进一步确立；德国、日本的失败；法国、英国与荷兰殖民主义的衰落；亚非拉地区经济的发展；民族民主意识的广泛传播；新通信工具的运用。

【设计意图】从历史发展和教材编写逻辑上看，本目内容是第一目内容的延续。表格的设计使学生对20世纪两次民族民主革命高潮有更完整的认识，而课堂探究则推动学生学习的深入。

导入学习任务三：第二次世界大战后新兴民族国家的文化发展

（1）印度
材料1

2018年版印度卢比500面值的正面

2018 年版印度卢比 200 面值的背面图案内容

教师活动： 指导学生阅读图片，结合教材，指出现代印度文化的多样化特征。

学生活动： 阅读材料并结合所学，思考并回答问题。

特征：民族、语言文字、宗教信仰的多样化；学习西方文化，同时注重传统文化。

（2）韩国

材料 2

1988 年汉城奥运会的宣传海报

材料 3 1988 年汉城奥运会的宣传海报是以韩国传统舞蹈扇子舞为基础设计的。五个扇子象征奥运的五环，体现了世界和平的奥林匹克精神，明亮的色彩和简洁的线条营造了一种活泼生动的气氛，具有现代的设计感。

（注：汉城，韩国首都的旧称，现改用其韩语音译，称"首尔"，英文为 Seoul）

——《历史 选择性必修 3·文化交流与传播》

教师活动： 指导学生阅读图片与材料，结合教材，分析 1988 年汉城奥运会宣传海报包含的文化类型。

学生活动： 阅读材料并结合所学，思考并回答问题。

类型：韩国民族文化；中华文化；西方文化。

（3）新加坡

材料 4

李光耀（1923—2015）

李光耀，新加坡华人，1959—1990 年任新加坡总理。从小接受西式教育，深受西方文化影响。

材料 5　20 世纪 60—80 年代，新加坡经济快速发展。新加坡前总理李光耀认为新加坡的经济发展离不开儒家文化的影响。他在回忆录中写道：东亚儒家社会同西方自由放任的社会有着根本的差异。儒家社会相信个人脱离不了家庭、大家庭、朋友以至整个社会，而政府不可能也不应该取代家庭所扮演的角色。新加坡依赖家庭的凝聚力、影响力来维持社会秩序，传承节俭、刻苦、孝顺、敬老、尊贤、求知等美德。这些因素造就了有生产力的人民，推动了经济增长。

——《历史 选择性必修 3·文化交流与传播》

教师活动： 指导学生阅读图片与材料，结合教材，指出新加坡现代文化的特点。

学生活动： 阅读材料并结合所学，思考并回答问题。

特点：注重发扬儒家文化的同时吸收西方文化的精华。

（4）埃及

材料 6

塔哈·侯赛因（1889—1973）

材料 7　塔哈·侯赛因是埃及盲人作家，被誉为"阿拉伯文学之柱"。他的自传体小说《日子》，描绘了 19 世纪末 20 世纪初埃及的社会生活，体现了当时具有新思想的知识分子要求进步与改革的强烈愿望，也标志着埃及现代新文学的诞生。侯赛因也成为埃及要求民族复兴的新生力量的代表。

——《历史 选择性必修 3·文化交流与传播》

材料 8　亚洲所有的新文学与当今世界文学的联系比与（过去）它们自己文学的联系更密切。

——斯塔夫里阿诺斯《全球通史：1500 年以后的世界》

教师活动：指导学生阅读图片与材料，结合教材，指出埃及现代新文学的特点，并综合上述材料，概括新兴民族国家文化发展的趋势。

学生活动：阅读材料并结合所学，思考并回答问题。

①特点：世界文学与民族文学（阿拉伯文学）的结合。

②趋势：当地民族文化与西方文化相结合的多样化；世界文化的同质化。

【设计意图】通过对印度、韩国、新加坡、埃及四个国家文化发展中典型现象的具体分析，概括出新兴民族国家乃至世界文化发展的共同特征和发展趋势。这样的设计不仅突出本课的主题，即不同文化的碰撞与交流，也凸显了现代战争对文化发展影响的广度和深度远超近代和古代。

课堂小结

　　由于人们在城市的、国家的或世界性的风格同化的过程中，看到了更多的优势，一些地方性的风格特征便逐渐消逝了；而同时，那些城市的、国家的或世界性的标准也在不断变化，有时也会因为反映或者吸收了本土的某些影响，从而获得广泛传播。

——麦克尼尔《全球史：从史前到 21 世纪的人类网络》

作业拓展

问题：你更认同当代文化发展的多样化趋势还是同质化趋势？请用你亲身经历或收集的资料加以说明，并对如何坚定文化自信谈谈自己的看法。

 设计反思与讨论

本课教学设计遵循现代战争与文化发展的历史逻辑，从第一次世界大战后民族民主意识的觉醒到第二次世界大战时民族自决原则的进一步确立以及民族民主意识更为广泛的传播，再到第二次世界大战后新兴民族国家形成了当地民族文化与西方文化相结合的新文化，得出西方文化的影响及文化发展的同质化趋势；并通过对 20 世纪两次民族民主运动高潮及第二次世界大战后新兴民族国家文化发展的具体分析，得出西方文化对各国的不同影响及文化发展的多样化趋势，也符合学生的认知规律。

本课教学设计充分运用地图和表格，培养学生的时空观念；在尽可能用足教材各辅助资料的基础上，适当补充典型材料，培养学生唯物史观、史料实证、历史解释等素养；注重用宏观的世界视角和微观的具体现象来分析历史，有利于学生世界意识和家国情怀的养成。因课程内容容量大，课时比较紧张，学生实际生活经验及收集掌握资料的不足，本课的教学主题可能超出了学生的实际水平。

第六单元　文化的传承与保护

第14课　文化传承的多种载体及其发展

 设计思路

　　《普通高中历史课程标准（2017年版2020年修订）》要求：了解历史上学校教育、留学、书刊出版、翻译事业发展；了解图书馆、博物馆在文化传承与传播中的作用。

　　根据课标要求及教材编排，教学过程围绕四部分展开。

　　学校教育的发展：以图片、史料研读等方式学习中西学校教育的发展历程，探讨学校教育的重要意义。印刷术的诞生：通过教材阅读和史料分析，梳理书籍的发展历程、普及的原因及意义。图书馆的成长：学习图书馆的发展历程、成长的原因及意义。博物馆的建设与发展：以填空形式学习中西方博物馆的发展历程，以史料研读、中西比较形式学习博物馆建设的重要意义。

　　高二学生已经完成《中外历史发展纲要》的学习，对历史的基本史实有了一定的了解，因此本课设计主要为梳理学校教育、书籍、图书馆和博物馆的发展历程和这四种载体对文化传承的影响，进而思考中华文化传承对世界文明的贡献，提升学生核心素养，提升思维品质，增强学生文化自信与文化认同。

✎ 教学目标

　　1.通过史料概括与图片分析，让学生学会总结学校教育的作用、印刷术发展对文化延续的意义、博物馆和图书馆在文化传承与保护中的作用，从而培养学生的唯物史观和史料实证能力。

　　2.以时空为维度梳理四种文化载体的传承过程，理解时空环境因素对认识历史与现实的重要性。

　　3.通过图片、史料研读、表格等形式对官学与私学、书院制度、大学区制度进行历史解释。

　　4.通过本课学习感受中华优秀传统文化的传承，提升学生民族自豪感与自信心，增强文化自信。

重点难点

1. 重点：学校教育、留学、书刊出版、翻译事业以及图书馆、博物馆在文化传承中的作用。

2. 难点：文化传承的意义和唤醒学生文化传承的自觉。

教学活动过程

导入 ❯❯❯ -

教师播放《北京冬奥会的中国元素》视频，并让学生浏览本节教材图片并回答首都北京在古今历史上还有哪些文化载体起到文化传承的作用。

学生活动：思考回答。

【设计意图】通过视频创设情境，迅速抓住学生的注意力，激发学生学习兴趣；同时又直奔本课主题，引出文化传承的主要载体。

导入学习任务一：学校教育的发展

（1）古代官私教育

教师活动：阅读教材 77 页的两张图片，让学生概括古代学校教育的形式，并简单描述它们的发展历程。

学生活动：阅读教材并回答。

教师活动：让学生根据材料分析学校教育对古代社会的作用。

材料 1　西汉时期太学的主要教材是经史，以儒家经典"五经"和"三传"作为基本教材。"五经"具体指《诗经》《尚书》《礼记》《易经》《春秋》这五部经典。"三传"即《春秋左氏传》《春秋公羊传》《春秋谷梁传》的合称，是儒家的经典著作。

——周丽霞《传统太学私塾》

材料 2　士子们为了获取功名，一条路子是进官学为考科举做准备，但官学不但数量上不能满足需要，而且它长期处于衰落状态，人们不能不趋于私学。加之，科举后来重在诗文，官学只读经书，实际上不能满足需要。士子们转而投向名流学者。这样既可学到真本领，而且还可以得到大师的推荐与指引，对于取得功名是重要门径，因之名流学者更是士子们所景仰和投靠的，私学当然更加繁荣。

——孟东宪《中国古代学校制度史料》

学生活动：有利于保存与创新中国古代文化；有利于传承儒家经典；有利于科举制的不断发展。

（2）近代大学教育

教师活动：让学生根据教材自主梳理西方近代大学的发展历程，教师补充材料对"大学区制"进行历史解释。

材料3　1806年拿破仑创立帝国大学，作为全国教育行政的最高领导机关。帝国大学的总监（相当于教育部部长）由拿破仑直接任命，凡学校的开办、取缔，教职人员的任免与提升都由总监掌管。在帝国大学之下和全国司法区平行设置29个大学区，每一学区设总长一人，由总监任命。同时还设学区评议会和督学，全国的大、中学校均由帝国大学统一领导，各级各类学校的规章制度、课程设置、课时安排均由国家统一制定和监督实施。这种严密的中央集权的教育行政体制成为法国教育制度的最大特点，并一直影响到现在。

——摘编自张季娟、袁说锷《外国教育史》

学生活动：自主阅读并梳理教材。

北京大学校徽

清华大学校徽

教师活动：让学生根据教材梳理北京大学和清华大学的建校历史，并结合材料分析蔡元培的教育观点与中国古代教育相比有何发展，并分析其观点的影响。

材料4　大学者，研究高深学问者也……果欲达其做官发财之目的，则北京不少专门学校……又何必来此大学？所以诸君须抱定宗旨，为求学而来。入法科者，非为做官；入商科者，非为致富。

——蔡元培《就任北京大学校长之演说》

学生活动：分析材料并回答。

（3）留学教育

"中国铁路之父"詹天佑　　　　电视剧《我们的法兰西岁月》海报

教师活动：简介两幅图片，并让学生根据材料讲出留学教育对当时社会的作用。

材料5　选派留学生出国在19世纪70年代已经开始，而在甲午战争后数量大增。新政期间，由于不分官费自费概以科名奖赏学成归国者，遂使留学蔚为潮流，在20世纪初年出现了第一次"留学热"。在这些留学生中，后来产生了一大批民主革命的志士。

——陈旭麓《近代中国社会的新陈代谢》

（4）现代中国教育

教师活动：让学生以1949年、1977年、1983年、1995年的时间轴形式简述新中国成立以来我国学校教育的发展情况，并通过对上述古今学校教育的学习，讲出学校教育在文化传承上的重要作用。

学生活动：结合材料，回顾知识，综合回答。

【设计意图】通过自主梳理教材，分析史料，让学生理解教材第77页"学习聚焦"的结论。

导入学习任务二：印刷术的诞生

教师活动：让学生根据教材完成下列表格。

书籍的诞生过程表

时 间	过 程
公元前30世纪	古埃及出现纸草书卷，书籍雏形
公元前5世纪	简策、帛书，中国最早的书籍
公元前2世纪	植物纤维纸
公元105年	东汉蔡伦制出"蔡侯纸"
唐朝	雕版印刷品
11世纪中叶	北宋毕昇发明胶泥活字印刷术
15世纪中叶	德国人谷登堡发明金属活字印刷

学生活动：梳理教材并回答。

教师活动：让学生在梳理发展历程基础上，结合史料及所学，分析印刷术被视作"新一代的书籍"的原因并回答印刷术诞生的作用。

材料1 在西方，印刷术的发明和使用，激发欧洲各民族的理智思潮，促进民族语言和文学的发展，鼓励民族主义和建立新兴的民族国家。在中国的传统社会中，印刷术的作用正好相反，它不仅帮助中国文字的连续性和普遍性，更成为保持中国传统文化的一种重要工具。儒家典籍和科举考试用书的大量印刷，当是一个最好的证明。因此，印刷术乃是中国文化和社会相对稳定的重要因素之一，也是维护中国民族文化统一的一个基础工具。

——摘编自钱存训《印刷术在中国传统文化中的作用》

学生活动：思考并回答。

教师活动：印刷术的诞生使得书籍的印刷和出版效率大大增加，经由印刷所"大量复制"的文化信息得以更为高效地向更广泛的社会群体传播，部分社会阶层对文化信息的垄断也随之被打破，从而引发了社会的思想变革。

【设计意图】通过表格形式帮助学生掌握基础知识，通过史料分析，培养学生提取信息和解读信息的能力。

导入学习任务三：图书馆的成长

教师活动：让学生根据教材梳理中西方图书馆的成长历程。

学生活动：西方分为私人图书馆和公共图书馆；中国分为官府藏书和私家藏书。

教师活动：让学生根据材料并结合所学知识，指出图书馆成长的主要表现、原因和作用。

材料1 汉代藏书主要分为六艺略、诸子略、诗赋略、兵书略、术数略、方技略六大类内容。从唐代开始，正式确定了经、史、子、集的名称和顺序。中国古代图书馆无论官藏私藏，均是重在收藏，处于名副其实的"藏书楼"阶段。

——摘编自谢灼华《中国图书和图书馆史》

材料2 公共图书馆从19世纪50年代开始在英国逐步兴起，它的特点是：地方当局征税建馆，免费为公众服务。公共图书馆集中在工业城镇，而且以工人为重点服务对象。1753年创建的不列颠博物馆图书馆也发展成国际的学术中心，马克思、列宁、孙中山就曾在这里阅览群书，旁征博引，为自己的思想理论奠定了坚实的基础。

——摘编自周楠《欧洲图书馆史研究》

学生活动：讨论、思考并归纳总结。

①表现：趋向于为公众服务。

②原因：政府的重视、经济的发展、公众的需求、平等思想的传播等。

③作用：利于保存古籍和传承发展文化，服务于公众，利于提高民众的文化素养。

【设计意图】通过对中西典型史料的分析，帮助学生运用唯物史观提升整体归纳分析能力。

导入学习任务四：博物馆的建设与发展

教师活动：让学生根据表格自主梳理教材，了解中西方博物馆的发展历程。

中西方博物馆的发展历程表

时　间	概　况
公元前290年前后	埃及亚历山大博学园——最早的"博物馆"
1683年	阿什莫林博物馆——第一个具有近代特征的博物馆
1868年	上海自然历史博物院——我国最早近代意义上的博物馆
1905年	南通"博物苑"——国人自建第一个公共博物馆
1925年	故宫博物院
1926年	国立历史博物馆正式开馆（后更名中国历史博物馆）
1933年	蔡元培倡议建立国立中央博物院——现为南京博物院
1959年	中国人民革命军事博物馆
2003年	中国历史博物馆和中国革命博物馆合并组建成中国国家博物馆

学生活动：自主梳理教材，掌握基础知识。

教师活动：播放故宫博物院视频，利用视频，让学生更好地体现博物馆的魅力。看完视频后，引导学生结合材料，分析博物馆对文化传承发展的作用。

材料1　目前，文化、城市与博物馆的关系正在开始变得紧密，三者之间的关系也得到了各级政府的关注……博物馆丰富精深的民族文化再现了本地的历史沿革和经济、政治、文化、社会发展的脉络，把最辉煌、最闪亮的史实呈现在观众面前，让人们了解更多的历史知识、人文精神和民俗风情……博物馆成为培养社会道德最理想的人文环境，对于增强人们对自己家乡、祖国的认知和热爱、眷恋之情，激发观众更多的社会责任感和使命感等具有重要作用。

——单霁翔《博物馆的社会责任与城市文化》

学生活动：感悟视频，分析材料，归纳回答。

博物馆利于让人们了解更多的历史知识、人文精神和民俗风情；有利于增强人们对自己家乡、祖国的认知和热爱、眷恋之情；有利于激发观众更多的社会责任感和使命感；有利于提高民族文化素养；有利于增强爱国情感。

【设计意图】通过视频和材料，丰富课堂形式、激发学习兴趣的同时，增强学生的文化自信与文化认同，从而培养家国情怀价值观。

课堂小结

      本节课我们介绍了四种主要的文化传承载体，分别是学校教育、印刷术、图书馆与博物馆，它们在人才培养、文化普及、保存典籍与传承历史文物等方面有着重要的作用。文化在借由这些载体传承的过程中，逐渐打破了部分社会阶层对知识的垄断，走向大众，这一大众化态势催生了思想与社会变革，进一步推动了人类文明的发展。优秀传统文化是一个国家、一个民族传承和发展的根本，如果丢掉了，就割断了精神命脉。作为新时代的中学生，我们要利用各种载体传承好的精神价值、古今融通，把弘扬优秀传统文化和发展现实文化有机统一起来，在继承中发展，在发展中继承。

作业拓展

      参观台州本地博物馆，就博物馆建设历史、馆藏物品、文化特色等问题写一篇游记或观后感。

 设计反思与讨论

    本课通过北京冬奥会情境导入，以北京作为切入点把四种文化载体形式串联起来，通过自主学习和合作学习引导学生对课本基础知识进行梳理，既解决了教材容量大、教师难以面面俱到的问题，又充分发挥了学生的主体地位。另外，为充分调动学生的积极性，促使学生主动学习和积极探究，通过运用现代信息技术、课后参观博物馆等多样的教学活动，在教学方法上运用图片、视频、表格、史料分析等多种形式，力求在增加课堂趣味性的同时激发学生结合已有知识，对历史上的文化交流与传承进行探究，从而提高学生的历史核心素养。

    当然，由于课堂史料、教材图片较多，课堂有限的时间能否落实也是个值得商榷的问题。

第 15 课　文化遗产：全人类共同的财富

设计思路

《普通高中历史课程标准（2017 年版 2020 年修订）》要求：认识文化遗产保护对保持文化的传承、维护世界文化多样性和创造性具有的重要意义。

根据课标要求及教材编排，教学过程围绕三部分展开。

保护之物：通过地图、图片列举具有代表性的世界文化遗产，帮助学生理解文化遗产的概念和文化遗产的重要意义。保护之因：通过图片和史实讲述保护文化遗产的原因，体会保护文化遗产的重要意义。保护之策：通过教材梳理及史料概括，分析世界各国古往今来文化遗产保护的措施、趋势及核心原则，认识中国加入公约后对文化遗产和非物质文化遗产的保护措施体现的大国担当，同时结合史实体会传承与保护文化遗产的工作也任重道远。

通过各种新媒体、书籍或者日常生活学生对文化遗产多少有过接触，同时经过初中和高一的学习，已经具备一定的历史基础知识和学习分析能力，故引导学生对本课进行探究和深度学习，深化历史学科核心素养的培养难度不大。

教学目标

1.通过史料、图片等资料了解保护文化遗产的必要性，从而提高学生史料实证的能力。

2.通过教材梳理，依据时空脉络，了解世界各国保护和研究文物的传统；认识中国从古至今对文物保护工作的重视；理解保护文物遗迹的第一要义是保护历史的真实性。

3.通过史料分析与课堂合作探究，了解世界文化遗产的分类、申报以及保护意义，从而加深理解文化遗产的价值对保持文化的传承、维护世界文化多样性和创造性的重要性。

4.通过对中国保护文化遗产所做贡献的学习，认识一个文明大国守护人类共同财富的担当，增强学生保护文化遗产的责任感和使命感，同时树立民族自信、文化自信的观念。

重点难点

1.重点：不同历史时期各国在文化遗产保护方面取得的成就。

2.难点：文化遗产保护的原因、原则。

教学活动过程

导入 ▶▶▶ --

教师活动： 2021 年 7 月 25 日，我国世界遗产提名项目"泉州：宋元中国的世界海洋商贸中心"顺利通过联合国教科文组织第 44 届世界遗产委员会会议审议，成功列入《世界遗产名录》，至此我国世界遗产总数升至 56 项，其中文化遗产 38 项，自然遗产 14 项，文化和自然双遗产 4 项。改革开放以后，中国成为推动文化遗产保护的重要力量，体现出一个文明大国守护人类共同财富的担当。

目前浙江就有 4 个世界遗产，它们是哪些呢？世界各国又都有哪些代表性的历史遗迹和文化遗产呢？让学生结合教材第 86、87 页回答。

学生活动： 结合现实和教材，思考并回答。

【设计意图】利用泉州申遗成功的案例进行情景式导入，既可激发学生对文化遗产的感性认识，拉近历史的距离感，又可直奔本课主题，引入新课内容。

导入学习任务一：保护之物——各国的历史遗迹与文化遗产

（1）何为文化遗产

教师活动： 让学生结合教材第 85 页进行回答。

学生活动： 阅读教材，概括回答。

教师活动： 点评总结。

文化遗产是历史留给人类的宝贵财富，是具有历史、艺术和科学价值的文物。从存在形态上分为物质文化遗产（有形文化遗产）和非物质文化遗产（无形文化遗产）。物质文化遗产是具有历史、艺术和科学价值的文物、建筑群、遗址等。非物质文化遗产是指各种以非物质形态存在的、与群众生活密切相关且世代相承的传统文化。它强调的是以人为核心的技艺、经验、精神。

【设计意图】通过对文化遗产定义的剖析，培养学生概括教材和历史解释的能力。

（2）各国的历史遗迹与文化遗产

教师活动： 打开世界地图和中国地图，让学生把教材第 86、87 页所提到的各国历史遗迹与文化遗产标注在地图上。

学生活动： 结合空间知识合作回答。

教师活动： 选取教材中提到的古罗马城和佛罗伦萨的文化遗产进行简单介绍。

意大利的古罗马大斗兽场

拉斐尔《椅中圣母》

　　古代文明遗迹是世界文化遗产的重要组成部分，古代辉煌文明的重要价值代表着文明所留下的辉煌，因其价值而得到世界的肯定。不仅是古代，近代同样留下很多著名的文化遗产，佛罗伦萨是展示欧洲文艺复兴运动的重要代表。

　　作为文艺复兴的象征，佛罗伦萨在15—16世纪达到经济上和文化上的顶峰。

　　众多卓越的艺术家在此留下了大量闪耀着文艺复兴时代光芒的建筑、雕塑和绘画作品。

　　中国作为一个文明大国，目前有56项世界遗产、42个非物质文化遗产，是世界拥有数量最多的国家。这些文化遗产印证了中国悠久的历史和灿烂的文明，也成为凝聚中华民族不断前行的历史动力。

　　【设计意图】通过地图标注各国历史遗迹和文化遗产，培养学生的空间素养；通过对典型文化遗产的介绍，让学生体会文化遗产代表着文明所留下的辉煌，其价值受世界的肯定，是全人类共同的财富。

导入学习任务二：保护之因

教师活动：让学生根据图片和材料概括保护文化遗产的原因。

2019年巴黎圣母院失火

　　材料1　注意到文化遗产和自然遗产越来越受到破坏的威胁，一方面因年久腐变所致，同时，变化中的社会和经济条件使情况恶化，造成更加难以对付的损害或破坏现象……保护不论属于哪国人民的这类罕见且无法替代的财产，对全世界人民都很重要。某些文化遗产和自然遗产具有突出的重要性，因而需作为全人类世界遗产的一部分加以保存。

——摘编自《世界遗产公约·前言》

材料2 文化遗产是文化多样性的重要构成，它不仅是人类以往文明的见证和产物，也是促进人类未来文化发展的重要因素，因此也被视为"文化创作的源泉"。

——摘编自李玉雪《可持续发展视角下文化遗产保护的法治进路思考》

材料3 世界上的建筑师看过北京故宫以后，无一不发出赞美和惊叹。这一建筑早已达到最高的水平，将深沉的对自然的谦恭情怀与崇高的诗意组合起来，达到任何文化都难以超越的程度。它的组织方法、构图意念，绝不只是一个时代的产物。不管在技术上、艺术上，它都是继承了伟大的传统而来的。

——摘编自李允鉌《华夏意匠》

学生活动：概括材料并回答。

保护之因：文化遗产遭到严重威胁（自然灾害、战争、工业化和城市化、人为破坏等）。文化遗产具有突出的普遍价值，是人类共同的财富。维护文化遗产对传承人类文明和维护文化多样性、创造性具有重要意义。

【设计意图】通过图片的直观感受和材料的概括，让学生认识文化遗产的价值，思考保护和利用文化遗产的原因，同时又提高史料实证的能力。

导入学习任务三：保护之策

教师活动：让学生自主阅读教材第83—85页，找出从古至今中外各国保护文化遗产的举措。

学生活动：自主学习教材并整理。

教师活动：打出表格，让学生合作归纳从古至今文化遗产保护措施的发展趋势。

世界各国古今文化遗产保护措施表

世 界		中 国	
时 间	措 施	时 间	措 施
古代	收藏（皇室、贵族、教会）	古代	收藏（帝王、达官贵人、民间收藏家）
1834年	希腊：制定法律	1906年	颁布《保护古物推广办法》
1964年	《国际古迹保护与修复宪章》	1930年	中央古物保管委员会《古物保存法》
1972年	《世界遗产公约》	1961年	第一批重点文物保护单位180处
1978年	《世界遗产名录》12处	1982年	《中华人民共和国文物保护法》
1979年	《濒危世界遗产名录》	1985年	加入《世界遗产公约》
2003年	《保护非物质文化遗产公约》	2004年	加入《保护非物质文化遗产公约》
2017年	193个国家加入《世界遗产名录》	2006年	通过《世界文化遗产保护管理办法》
2019年	列入的遗产数量达到1121处，分布在167个国家	2011年	《中华人民共和国非物质文化遗产法》

学生活动：合作归纳发展趋势。

①专业化：法律化、制度化、体系化、专门机构管理。

②渐进性：遗产数量增多、保护范围更广。

③参与保护主体广泛化：从个人到国家再到全世界合作，公约凝聚起世界力量。

【设计意图】通过自主阅读教材，帮助学生掌握基础知识；通过趋势的概括，帮助学生深化历史知识，加强对历史规律的认识，进一步培养史料概括的能力。

教师活动：播放新华社发布的《泉州申遗"宝藏古城"背后的秘密》视频，引导学生结合教材第86页的学思之窗内容和材料，思考保护文化遗产的重要原则是什么。

材料1　它（西湖）的特点就是：三面云山，一面城。那你要成为世界遗产，首先你要确保三面云山不能有新的建筑侵入。这要下很大的决心。但这十年申遗路啊，西湖得到了保护。今天大家无论是荡舟西湖还是漫步苏堤、白堤，都看不到任何一栋建筑侵入三面云山里。

——单霁翔《文化的力量：让文化资产资源活起来》

学生活动：观看视频和分析材料并回答。

原则是保持遗产的真实性和完整性。

【设计意图】通过视频和史料分析，既丰富了课堂形式，又培养了学生分析能力，同时让学生认识到中国作为一个文明大国，保护文化遗产的担当。

教师活动：打出反面材料和图片，让学生体会文化遗产保护中存在的问题，从而体会传承与保护文化遗产的工作任重道远。

材料2　据英国《星期日泰晤士报》报道，由于"申遗"后维护和修葺的费用远远大于其带来的旅游效益，将停止申请加入世界历史遗产名录的工作……先后入选《名录》的北京故宫、天坛、颐和园、云南丽江古城、三江并流、张家界和西藏布达拉宫等7处世界遗产都因"申遗"后存在过度开发、破坏严重及保护不到位等问题而被世界文化遗产委员会提出了"黄牌"警告。

——王莹《从英国停止申遗看文化遗产的保护与发展》

材料3

四川安岳县峰门寺的一尊摩崖造像修复前后对比照

课堂小结

　　我们祖先创造的灿烂文化，经过我们的手，经过我们的时代，经过我们的城市，能够真实完整地传给我们的子孙后代，这才是最重要的。文化遗产对保持民族文化的传承、维护世界文化多样性和创造性有着重要意义，保护文化遗产就是保护全人类的共同财富。加强国际合作、发挥大国担当、增强文化遗产保护意识，是大到世界、国家，小到个人都要拥有的意识，文化遗产保护任重而道远。

作业拓展

　　在艰苦抗战的岁月里，一位建筑学家在四川南溪李庄的斗室仍潜心于他所热爱的事业，奋笔写下一个学者的良知文字：

　　研究中国建筑可以说是逆时代的工作……自"西式楼房"盛行于通商大埠以来，豪富商贾及中产之家无不深爱新异，以中国原有建筑为陈腐。他们虽不是蓄意将中国建筑完全毁灭，而在事实上……主要城市今日已拆改逾半，芜杂可哂……雄峙已数百年的古建筑，充沛艺术特殊趣味的街市，为一民族文化之显著表现者，亦常在"改善"的旗帜之下完全牺牲……这与在战争炮火下被毁者同样令人伤心……一切时代趋势是历史因果，似乎含着不可免的因素。幸而同在这时代中，我国也产生了民族文化的自觉，搜集实物，考证过往，已是现代的治学精神，在传统的血流中另求新的发展，也成为今日应有的努力。

——摘自梁思成《为什么研究中国建筑》

　　阅读材料，回答问题：材料中作者所做的"逆时代"思考是什么？这位建筑学家的祈愿与思考在20世纪70年代变成了世界范围内人们的共识，谈谈这种共识是什么？

 设计反思与讨论

　　本课的教学设计从保护之物、保护之因、保护之策这三个方面对教材的三个子目进行了重新整合，通过自主阅读教材、史料分析、图片和视频渲染等多种形式，让学生掌握历史基础知识的同时，又增强了学生历史解释、史料实证、时空观念等历史素养的落实。

　　在教学方法上，本课注重教学情境的创设，以时事泉州申遗作为导课和结尾。除了常见的讲述法、问答法，本课还采取了讨论法、合作探究法，力求教学方法的多样性。但在实际教学中，由于打破了教材的框架顺序，需要学生整合本课教材的内容，可能出现学生思考时间不够、教师主导过多、学生主体难以充分发挥、学科核心素养未能全面落实等问题。

参考文献

[1] 斯蒂芬·加得纳. 人类的居所：房屋的起源和演变 [M]. 汪瑞，黄秋萌，任慧，译. 北京：北京大学出版社，2006.

[2] 刘易斯·芒福德. 城市发展史：起源、演变与前景 [M]. 宋俊岭，宋一然，译. 上海：上海三联书店，2018.

[3] 马克思·韦伯. 非正当性的支配：城市的类型学 [M]. 康乐，简惠美，译. 桂林：广西师范大学出版社，2005.

[4] 巴里·伯格多尔. 1750—1890 年的欧洲建筑 [M]. 周玉鹏，译. 北京：清华大学出版社，2012.

[5] 马克·C. 卡恩斯，等. 美国通史（第 12 版）[M]. 吴金平，等，译. 济南：山东画报出版社，2008.

[6] 杰里·本特利，赫伯特·齐格勒. 新全球史：文明的传承与交流（1000—1800 年）[M]. 魏凤莲，译. 北京：北京大学出版社，2014.

[7] 白寿彝. 中国交通史 [M]. 长沙：岳麓书社，2011.

[8] 方豪. 中西交通史 [M]. 北京：商务印书馆，2017.

[9] 陈高华，陈尚胜. 中国海外交通史 [M]. 北京：中国社会科学出版社，2017.

[10] 德尼兹·加亚尔，贝尔纳代特·德尚，等. 欧洲史 [M]. 蔡鸿滨，桂裕芳，译. 海口：海南出版社，2000.

[11] 钱乘旦. 英国通史 [M]. 南京：江苏人民出版社，2016.

[12] 薄伽丘. 十日谈 [M]. 王永年译. 北京：人民文学出版社，2015.

[13] 王力. 中国古代文化常识 [M]. 北京：北京联合出版公司，2014.

[14] 张岱年. 中国哲学大纲 [M]. 北京：商务印书馆，2015.

[15] 梁漱溟. 中国文化要义 [M]. 北京：商务印书馆，2021.

[16] 冯天瑜. 中华文化史 [M]. 上海：上海人民出版社，2010.

[17] 姜义华. 中华文化经脉 [M]. 北京：商务印书馆，2019.

[18] 周丽霞. 传统太学私塾 [M]. 汕头：汕头大学出版社，2016.

[19] 吴于廑，齐世荣. 世界史·古代史编 [M]. 北京：高等教育出版社，2011.

[20] 王斯德. 世界通史 [M]. 上海：华东师范大学出版社，2018.

[21] 马克垚 . 世界文明史 [M]. 北京：北京大学出版社，2016.

[22] 郭圣铭 . 世界文明史纲要（古代部分）[M]. 上海：上海社会科学院出版社，2013.

[23] 孔祥民 . 世界中古史 [M]. 北京：北京师范大学出版社，2015.

[24] 袁行霈 . 中华文明史 [M]. 北京：北京大学出版社，2006.

[25] 斯塔夫里阿诺斯 . 全球通史：从史前史到 21 世纪 [M]. 北京：北京大学出版社，2019.

[26] 林成策 . 试论人口迁移流动对文化传播的影响 [J]. 临沂大学学报，2012（3）.

[27] 赵林 . 古希腊文明的光芒 [M]. 北京：人民邮电出版社，2020.

[28] 塔西佗 . 日耳曼尼亚志 [M]. 马雍，傅正元，译 . 北京：商务印书馆，2009.

[29] 安格斯·麦迪森 . 世界经济千年史 [M]. 伍晓鹰，许宪春，译 . 北京：北京大学出版社，
2003.

[30] 托马斯·E. 斯基德莫尔，彼得·H. 史密斯，詹姆斯·N. 格林 . 现代拉丁美洲 [M]. 张森根，
等，译 . 北京：当代中国出版社，2014.

[31] 赫顿·韦伯斯特 . 拉丁美洲史 [M]. 夏晓敏，译 . 北京：华文出版社，2019.

[32] 彼得·弗兰科潘 . 丝绸之路：一部全新的世界史 [M]. 邵旭东，孙芳，译 . 杭州：浙江大
学出版社，2016.

[33] 许倬云 . 万古江河：中国历史文化的转折与开展 [M]. 长沙：湖南人民出版社，2017.

[34] 游彪 . 宋史：文治昌盛 武功弱势 [M]. 北京：中信出版社，2017.

[35] 梅维恒，郝也麟 . 茶的真实历史 [M]. 高文海，译 . 北京：生活·读书·新知三联书店，
2021.

[36] 贝剑铭 . 茶在中国：一部宗教与文化史 [M]. 朱慧颖，译 . 北京：中国工人出版社，2019.

[37] 杰克逊·J. 斯皮瓦格尔 . 西方文明简史 [M]. 董仲瑜，施展，韩炯，译 . 北京：北京大学出版社，
2010.

[38] J.M. 罗伯茨，O.A. 维斯塔德 . 企鹅全球史：古典时代 [M]. 陈恒，等，译 . 上海：东方出版中心，
2020.

[39] 雷纳·格鲁塞 . 蒙古帝国史 [M]. 龚铖，译 . 北京：商务印书馆，2007.

[40] 李剑鸣 . 美国的奠基时代：1585—1775[M]. 北京：中国人民大学出版社，2011.

[41] 托克维尔 . 旧制度与大革命 [M]. 傅国强，译 . 北京：作家出版社，2016.

[42] 麦克尼尔 . 全球史：从史前到 21 世纪的人类网络 [M]. 王晋新，等，译 . 北京：北京大学
出版社，2017.

[43] 简·伯班克，弗雷德里克·库珀 . 世界帝国史：权力与差异政治 [M]. 柴彬，译 . 北京：
商务印书馆，2018.

[44] 李允鉌 . 华夏意匠：中国古典建筑设计原理分析 [M]. 天津：天津大学出版社，2005.

[45] 谢灼华 . 中国图书和图书馆史 [M]. 武汉：武汉大学出版社，2005.

[46] 陈旭麓 . 近代中国社会的新陈代谢 [M]. 上海：上海社会科学院出版社，2006.

后 记

发轫于世纪之交的课程改革至今已有 20 余年了，20 余年在历史的长河中也只是像《仁王经》中说的那样"一弹指六十刹那"，实在是短得很。但其间改革进程如火如荼，十几年持续的革故鼎新推动着课程建设的不断发展。《普通高中历史课程标准（2017 年版 2020 年修订）》已经颁布，高中历史统编教材《历史 必修》《历史 选择性必修》已陆续在多数省（市）开始使用。我们作为改革的亲历者，真切地感受到课程变化的迅猛，不免有一种危机感，同时也给了我们在教师专业成长道路上的新动力和新方向。

历史是传统而又不断创新的学科。作为历史教师，我们的责任是将人类的历史记忆代代相传，追求历史的本真；同时我们又是历史教育教学改革的承担者，为落实新课改精神，在确定教学目标、创新教学方法、理解新教材精神实质，乃至进一步将这些上升为系统理论等方面，都需要努力去做深入的研究。我们认为教师当前最迫切需要的是一本体现《普通高中历史课程标准（2017 年版 2020 年修订）》新理念、新精神的教师教学参考用书。

2022 年 6 月，我们以浙江省台州市陈家华名师工作室第三期成员为编写团队，承袭《以核心素养为指归的教学设计——〈中外历史纲要〉》上、下两册，以及《以核心素养为指归的教学设计——〈历史 选择性必修〉》上册的风格，开始编写《以核心素养为指归的教学设计——〈历史 选择性必修〉》下册。

全书由浙江省特级教师、正高级教师，浙江省、台州市名师工作室领衔人，台州市高中历史教研员陈家华老师负责理论指导、整体设计、统稿审定和联系出版等事宜。陈家华名师工作室第三届成员徐靖涛老师供稿《历史 选择性必修 2》第 10、11 课，杜培老师供稿《历史 选择性必修 2》第 12、13 课，厉益老师供稿《历史 选择性必修 2》第 14、15 课，郎翕钰老师供稿《历史 选择性必修 3》第 1、2 课，吕莹老师供稿《历史 选择性必修 3》第 3、4 课，项雅利老师供稿《历史 选择性必修 3》第 5、8 课，陈君卫老师供稿《历史 选择性必修 3》第 6、7 课，潘祖依老师供稿《历史 选择性必修 3》第 9、10 课，陈杜鹃老师供稿《历史 选择性必修 3》第 11、12 课，陈大军老师供稿《历史 选择性必修 3》第 13 课，卓君老师供稿《历史 选择性必修 3》第 14、15 课。

《左传》说"筚路蓝缕，以启山林"，开始编写之后方知困难重重。首先，困难来自新的教材，选择性必修新教材内容几乎全新，头绪多、容量大，而且还设置"学习聚焦""史料阅读""历史纵横""学思之窗""问题探究""学习拓展"等栏目提供大量辅助性史料，适当而贴切地处理教材的难度很大；其次，困难来自编写之时可供参考的资料很少，只能摸着石头过河；最后，困难还在于我们平时日常教学工作十分繁忙，大家只能挤出时间加班加点进行写作。历经六个多月的蹒跚前行，竟已成书，即将付梓。

本书能够得以顺利出版，得益于各方面的帮助。我们要诚挚地感谢浙江省名师工作站、台州市人才工作领导小组、台州市教育局的各位领导，感谢他们一直以来对工作室的支持、爱护！我们还要衷心地感谢学界同仁，在本书编写过程中我们学习和参考了他们的一些研究成果。

本书作为高中历史教学参考用书，其阅读的主要对象是广大历史教师，我们在编写过程中慎之又慎，力求尽善尽美，但受时间和水平的限制，疏漏在所难免，敬请各位读者批评指正。

编　者
2022 年 10 月 9 日